目次

Create Commons

# 愛されるコモンズをつくる

## 街場の建築家たちの挑戦

松村淳

晃洋書房

関西学院大学研究叢書 第254編

# 序　章

# 建築・都市の限界とコモンズの可能性

## 1　問題の所在と本書のテーマ

### 1　都市型住宅の限界

二〇二〇年初頭から世界中で猛威を奮った新型コロナウイルスによるパンデミックは、人々の日常生活を混乱に陥れた。新型コロナウイルスは人々の呼気の中に含まれるとされ、それを回避するための「三密」なる造語も流行した。すなわち密閉・密集・密接である。「三密」を避けるためには、人が集まることそれ自体が禁忌となる。そのため、大企業の多くは勤務形態をテレワークに変更し、学校もオンライン授業へと転換した。しかし、「これからは自宅で仕事や勉強をしてください」、と言われても、多くの人々が暮らす2ＬＤＫや3ＬＤＫといった間取りのマンションや一戸建て住宅では、それができる余裕が無い。ｎＬＤＫタイプの住宅は、家族の成員の食事や就寝寝のための機能こそ十全に果たすが、仕事や勉強が自宅でできるほどの面積的な余裕は無い。コロナ禍で、戦後日本の住宅計画のスタンダードとなっているｎＬＤＫという間取りが、「有事」を想定していなかったことが暴露されたのである。在宅勤務になった父母と一緒に、自宅でオンライン講義を受けることになった学生も少なくないだろう。しかし、皆がリビングでオンライン会議や講義に参加したり、オンライン講義を受講したりするのは無理がある。３ＬＤＫのマンションでも自室を与えられている場合が多い子どもは、それぞれの部屋で対応が可能だろうが、父母の書斎や自室がある場合は少ないだろう。

さらに厄介だったのは、家族にコロナウイルスの感染者が出た場合の対処であった。たとえば、３ＬＤＫに住む四人家族の場合、誰か一人でも感染者が出たとき、当人を「隔離」することは難しい。そのため、一人が感染すると家族全員が自宅で感染するという悲劇が生じたのである。

これまでにも一部の建築家や社会学者はｎＬＤＫという間取りの限界について警鐘を鳴らしてきた。意欲のある建築家はｎＬＤＫを乗り越えようと、多様な実験住宅の提案を繰り広げた。しかし、それは大きなムーブメントにはならず、昭和、平成を経て、令和となった現代でも、ｎＬＤＫという間取りは踏襲され続けている。しかし、今回のパンデミックは、多くの人々に住宅について、あるいは住むことについて意識を向けさせる一つの契機になったと言えるのではないだろうか。

## 2　公的空間の限界

住宅という私的空間の限界が、コロナ禍によって一気に表面化した一方で、公的空間の限界もあらわになってきている。住宅やオフィス、学校に替わる活動の場所を探し求めても、適切な場所がないのである。

筆者は阪神間にある兵庫県西宮市という人口四〇万人を超える都市に住んでいるが、自宅と勤務先の大学以外で、事務仕事やオンライン講義の発信に使える場所を見つけられなかった。近所のショッピングモールの中にあるカフェで事務仕事をすることもあったが、コーヒー一杯で限られた座席を占拠することに気が引けて、（そうした状況が店の経営にとっては決して好ましくないことは十分に理解できる故）長居することはできなかった。だからといって、追加注文を繰り返すことも金銭的にも胃袋の容量的にも限度がある。

このことは、自宅以外のめぼしい場所が単一の（あるいはそれに近い）機能を持った空間であることによる。カフェは、コーヒーや軽食をオーダーして、小一時間程くつろぐための場所であるし、図書館も読書以外の活動が許容されない館も増えてきている。

筆者が受験生時代に活用させてもらった実家の近くの公立図書館は、図書閲覧室で宿題や受験勉強もできたし、ロビーで談話することもできた。自動販売機とテレビが置いてあり、友人たちと缶コーヒーやロイヤルミルクティーを飲みながら、大相撲の中継を観ながら一息ついていた。しかし、今では生徒が勉強に使用することを全面的に禁止している。

行きたいときに行って、ある程度本人がやりたいことができる空間、そうした許容度、自由度の高い空間というのはほとんど存在していないことがわかる。これは、都市が利便性や安全・安心を担保するためのセキュリティのレベルを上げたことと表裏をなす。

筆者の暮らす西宮市は阪神淡路大震災からの復興過程で、その傾向が強まった。震災前には西宮北口周辺には生活感あふれる市場があった。筆者の印象に残っているのは、夜の市場の情景である。市場のメインストリートの脇には路地がいくつかあり、居酒屋やバーが並んでいた。夜の路地や市場のストリートには、ギターを掻き鳴らして歌うミュージシャンや、ダンサー、自作のアート作品を売る美大生などが思い思いの場所を「占拠」して商売や活動に勤しんでいた。しかし、一九九五年の阪神淡路大震災によってこの市場は壊滅した。その後、二〇〇〇年代にかけて、大規模な再開発が始まった。跡地にはショッピングモールが併設された高層マンションが建ち、そうした怪しげな雰囲気は一層されてしまった。

大学のキャンパスもセキュリティが強化され、気軽に入れなくなったのもその頃だ。ある日を境に、大学に制服を着た警備員が巡回するようになった。校門にも警備員が複数人立つようになり、入構者に目を光らせている。以前は正門にしか守衛所は無かったが、現在は通用門にも守衛所が設置されている。また、監視カメラも目立つようになった。グラウンドの周囲には背の高いフェンスが張り巡らされ、外部から侵入することはできなくなった。

筆者が学生だった一九九〇年代は、各サークルは「ボックス」と呼ばれる、それぞれの居場所を持っていた。大学構内の道沿いに、使わなくなった事務机や学習机、椅子やベンチなどを持ちよって、学生が勝手に設置した代物である。九〇年代中頃までの大学は、こうしたサークルのボックスが至るところに存在していた。しかし現在はそうした場所は撤去され、キャンパスのセキュリティも強化された。大学は部外者が簡単に入れない空間になった。

現在は、ある空間に入るには、消費者としてあるいは利用者として、その場所にふさわしい資格と振る舞いが要求される。そうした空間に設えられたベンチや休憩スペース等は、あくまでもその空間の利用や、そこでの消費に付随した設備である。それ自体を単体で活用することは望ましい行為であるとみなされない。

## 3　高まるコモンズへの期待感～排除と包摂を超えて

ここまでの議論は、私的空間、公的空間がそれぞれ限界を迎えているという状況を指摘するものであった。そうした状況を記述するにあたって、本書では〝排除〟という言葉は使っていない。なぜなら、排除という概念を持ち出せば、その解決策として〝包摂〟という概念が呼び出されるからである。公的空間がある種の人びとを排除している、という議論を展開すれば、彼らを包摂するにはどうすればよいかという解決策が模索されることになる。

たとえば、政府は二〇一六年に「ニッポン一億総活躍プラン」という題目を打ち出した。そこには、下記のような文言が記されている。「若者も高齢者も、女性も男性も、障害や難病のある方々も、一度失敗を経験した人も、みんなが包摂され活躍できる社会」。

これはこれで素晴らしいメッセージであると思う。しかし、私の街、あなたの街で、どのように〝包摂〟を具体的に実現するのだろうか。もちろん、医療や福祉といった制度設計、社会的インフラのアクセシビリティについての空間設計については、可能な限り多くの人びとの包摂を目指すべきである。そこでは誰も取り残すべきではないと考えるべきである。しかし、具体的な場所をつくっていくまちづくり、地域づくりにおいては、包摂は重すぎる概念である。

包摂/排除という枠組みで議論すれば、そこからこぼれ落ちていく人びとを取りこぼさないための、薄く広い弥縫策に着地する。万人を包摂しようとするあまり、空間や場所としての魅力が無くなっていく。

重要なことなので繰り返すが、もちろん、公的機関や駅舎などのデザインは、可能な限りの人びとを包接する、という方向性で設計されるべきである。

本書で検討していくのは、主として民間主導の「共」的な居場所である。筆者の考えはそうした場所は、そこを企画する人それぞれが考える〝共（コモン）〟で良いのではないか、というものである。

本書は、毒にも薬にもならないユニバーサルな空間を称揚するものではない。そこが、多少の〝癖〟を持っていたり、〝人を選ぶ〟場所であったとしても良いというスタンスである。

以上のような議論を経た先に浮上してくるのは、「私」と「公」の間にある、「共」的な場所への期待である。「共」的な場所として真っ先に想定されるのはコミュニティという概念であろう。これまでにも、「私」と「公」の間を取り持つ「共的なもの」の代表としてコミュニティに関する議論が盛んになされてきた。

社会学のコミュニティ研究においても、バリー・ウェルマン（Wellman 1979）のコミュニティ解放論に見られるような、人と人の近接性に拘束されないコミュニティについての研究成果が蓄積されている。コロナ禍において、ＺＯＯＭに代表されるオンライン会議アプリケーションの活用によって、遠隔地同士を結ぶ会議などの利便性が格段に上がったことは否定できない。とはいえ、そうしたオンライン会議も、一定の物理的な環境が必要となる。

また、一定の条件を備えたフィジカルな場所の存在が、人々の幸福度の向上に資することに繋がる、あるいはコミュニティの賦活化にとって重要であるという研究も蓄積されてきている。

レイ・オルデンバーグは「サードプレイス」という概念を提出し、近年、日本でも人口に膾炙している。サードプレイスとは、ファーストプレイス（自宅）、セカンドプレイス（職場）などと並置されたネーミングであり「地域社会のなかにあるかもしれない楽しい集いの場。関係のない人どうしが関わり合う『もう一つのわが家』(Oldenburg 1991＝2013: 9) なるものである。さらに、オルデンバーグは、「インフォーマルな公共生活がないために、国民が仕事と家庭生活に寄せる期待は、職場や自宅で対応できる限度を超えて増大した」(ibid: 50) と述べる。ここで、オルデンバーグが「インフォーマルな公共生活」と呼ぶものは多岐にわたっており、様々にパラフレーズされている[1]が、このような「インフォーマルな公共生活」には物理的な場所が必要である、というのがオルデンバーグの見解である。彼は、そうした生活が可能になっている都市には「隙間空間《インタースティシャルスペース》」が必須であると述べ、こうした条件を満たす典型的な都市像について以下のように活写している。

> 街路や歩道、公園や広場、公園道路（パークウェイ）や大通りに、人びとが立ち、あるいは腰をおろし、あるいは歩いている。おもだった公共の場は、今日のショッピングモールで歓迎されるような、お洒落に着飾ったあの中流層の専用空間ではない。身なりが良くて健康なその種の人びとに混じって、老いた人や貧しい人、ぼろ服をまとった人や身体の弱い人が散在する。地元のあらゆる種類の人間が見てとれる。ほとんどの街路は、マイカー運転者と同じほど、歩行者の領分でもある。典型的な街路は、いまも大型の乳母車がゆったり通れるし、いまも新米ママを赤ちゃん連れで外出したい気にさせる。腰をおろす場所がたくさんある。子どもたちは路上で遊ぶ。(ibid: 56–7)

オルデンバーグはこうした光景を、「住民たちに魅力的な公共生活を提供している町や都市」の、一見してそれとわかる光景として描き出している。しかし、こうした光景を眺めているだけでは、「魅力的な公共生活の創出に必要な〈原動力〉が見えてこない」(ibid: 57)と述べる。オルデンバーグは、そうした場所の創造に必要な要素として以下のように三つのポイントを挙げながら整理している。

> 場所の問題を解決した地域社会が示す手本、そして昔のアメリカのスモールタウンや活気に満ちた地域住民が示す手本から推察できるように、くつろいだ充実の日常生活を送るには、以下にあげる三つの経験の領域のバランスがとれていなければならない。第一に家庭、第二に報酬をともなう生産的な場、そして第三に広く社交的な、コミュニティの基盤を提供するとともにそのコミュニティを謳歌する場。こうした人間の経験の各領域は、それ相応の交流やつながりの上に成り立っている。各領域が、物理的に隔たった独特な場所をもっている。そして各領域が、他から独立した自律性をもっていなければならない。(ibid: 56)(傍点筆者)

オルデンバーグが述べる三つの領域は、それぞれ物理的な空間であること、それらが自律性を有していることに注目したい。

もう一人、物理的な空間の重要性を説いた論者としてエリック・クリネンバーグの議論を参照したい。クリネンバーグは社会的インフラの重要性を説いている。社会的インフラとは「社会関係資本が育つかどうかを決定づける物理的条件」（Klinenberg 2018＝2021: 18）であると述べる。具体的な社会的インフラの事例として、図書館や学校、公園といった公共施設や、市民農園などの緑地などを挙げている。[2] また、市民団体などは人々が集える固定的な場があれば、そこが社会的インフラであるという。クリネンバーグは、都市型災害に罹災した地域を比較し、被害の大小を分けた要因について、彼が社会的インフラと呼ぶ、人々の交流を生む物理的な場所や組織であることを明らかにした（ibid: 18）。

このように具体的な場所、物理的な空間に紐付いた実践についての研究が盛り上がりをみせるなか、参照すべき概念として浮上してくるのがコモンズという概念である。

それでは、コモンズとはいかなるものか。コモンズの詳細な定義や学術的な議論については後述するが、本書の主題に引きつけて端的に言えば、人びとの交流を媒介する役割を持つ具体的な場所やモノということになるだろう。とりわけ、本書では場所についての議論を中心に展開する。以上のような問題意識のもとで、本書は、「私」的空間と「公」的空間の双方から疎外された身体の行き場、身体性を伴ったアクティビティの受け皿としての、物理的な空間としてのコモンズのあり方について検討していく。

## 2　コモンズをつくる者たち

本書は、コモンズを検討することを目的としているが、農山村地域、あるいは漁村などに見られる伝統的コモンズや、自生的コモンズ、あるいは都市計画や集合住宅計画において議論される制度的コモンズについて（参照はするが）網羅的に検討するものではない。

本書で照準したいのは、「街場の建築家」に対する調査の中でみえてきた、彼らの設計思想に埋め込まれている「共的な感覚」の具現化としてのコモンズである。

筆者は、これまで、日本における建築家という職能のあり方、とりわけその職業実践について当事者への聞き取り調査から得たデータを元に記述分析を実施してきた。そのなかで、建築家の新しい職業実践として、まちづくりの現場への進出や、それに伴う職能の多様化という状況が看取された。従来の主たる業務であった建築の設計・監理といった仕事に加えて、自らも工具を持って建設作業に従事する者も増えている。こうしたハード面を扱う仕事だけではなく、まちづくりに関する企画・運営・住民のファシリテーションといったソフト面の仕事、さらには、自ら飲食店や各種サービス業の経営、場所の運営などといった自主事業に携わる者も現れている。物理的な空間の創造や改修を行うことができる建築家が、まちづくりの現場に多面的に参画することで、コモンズが生まれやすい条件

が整いつつある。(3)

筆者が「街場の建築家」と呼ぶ彼らは、新築であれリノベーションであれ、建築の設計を周囲の「環境」との関係性の中で検討している。これまでの建築家もそうした「与件」の中で建物を設計してきたのであるが、「街場の建築家」は街のコンテクストの中に設計した建築がどのように位置づけられるかではなく、自らの設計した建築が街の中に位置づくとき、街にどのような反応が起こるのか、どのように（良い）影響を与えることができるのか、について大きな関心を抱いている。一件の建築が建つ、あるいはリノベーションされた物件が出現することで周囲に一定の影響を与えるということは、その建築に内包された共的な部分が、街とどのように共鳴するか、ということである。そのためには縁側的な要素を建物に設けたり、開口部を広く設けたりするという建築的な設えも重要であろう。あるいは、カフェを併設するなどコモンズ的要素を取り入れる事例も増えている。

以上のような関心から、本書においては建築家の新しい職能の展開としてのコモンズの創ン化／コモニング（コモンズの持続的で自律的な運営）の現状について記述、分析を行う。

本書は建築家によるコモン化／コモニングを取り上げるが、本書の研究成果は建築家の事例研究という狭い領域にのみ資するものではないと考える。冒頭に述べたように、私的空間・公的空間双方の失調が、人びとのウェルビーイングに与える悪影響は無視できない。しかし、物理的な建築空間の設計と創造はプロフェッションの仕事となり、人びとはそこから疎外されている。そのため、多くの人びとは物理的な建築空間への関心を抱かない。窮屈で不自由な空間に押し込められていても、創意工夫でやり過ごしている。コモンズの創造は空間の創造と不可分である。お仕着せの空間をそのまま工夫して使いこなすのも一つの知恵だが、空間を大きく改造したり、古い建物を改修したりすることで、人びとが豊かに過ごすためのコモンズを創造できる可能性は大きく広がる。本書がそうした実践の一助になれば幸いである。

## 3　本書の構成

本書の構成は下記のようになっている。第1章は、パンデミックを契機に明らかになった住宅の機能不全の状況について明らかにする。〈住宅からの疎外〉をテーマに、私的空間について考えていく。コロナ禍によってテレワークシフトが敷かれ、多くの人びとが在宅勤務・学習を余儀なくされた。その中で明らかになったのが、住宅という私的空間の限界である。特に、nLDKタイプの都市型住宅においては、在宅ワークをする場所を確保することも難しい。また、家族に感染者が出た場合に、感染を防ぐために隔離することも困難であった。人びとはコロナ禍で、住宅の使い勝手の悪さに気がついたのであるが、nLDKの呪縛はなかなか解けない状況とそれを乗り越えようとする実践について検討する。

第2章は、公的空間の限界について、筆者の実体験を元に検討する。安全で快適な都市空間から、人びとの居場所はどんどん消えていき、厳格なルールが張り巡らされている公的空間や、民間資本によって管理された有料の空間へと囲い込まれる。本書では、その事例としてショッピングモールを取り上げる。季節や天候を問わず快適な買い物を楽しめるショッピングモールは、都市／地方を問わず、代表的な公的空間となっている。

しかし、そこは一方では、監視カメラと人間工学的知見に基づいた設備によって徹底的に監視された空間である。そうした公的空間の失調を確認しつつ、〈住宅への疎外〉という状況を検討する。アメリカでは、地域社会やコミュニティから分断された人びとは、住宅が、唯一の安寧の場としてある。そうしたアメリカの事例を検討しながら、日本でも団地や郊外住宅地を舞台に進んでいった〈住宅への疎外〉について検討する。

第3章は、コモンズへの期待の高まりについて検討する。政治学における公共性論の枠組みで検討されることの多いコモンズ論であるが、ともすれば著作権等の知財の共有をめぐる議論や、ネットの現状、あるいはメタバースへの展望などヴァーチャル空間への議論に特化したものになりがちである。コモンズの概念がモノや空間を介したものであるにもかかわらず、モノや空間としてのコモンズを問い直す研究はそれほど多くないのが現状である。そこで本章では、物理的な存在としてのコモンズの重要性を確認していく。

第4章は、筆者が街場の建築家と呼ぶ、新しいタイプの建築家のコモンズ創造の実践について、複数の実例を挙げながら検討する。日本における建築家の歴史を紐解きながら、地域でユーザーと共に建築行為を行う「街場の建築家」の誕生を、後期近代という時代背景から考える。つづいて、「街場の建築家」の具体的なコモンズ創造の実践について、具体的な場所におけるコモンズの創造の事例を参照しながら検討する。

第5章は、引き続き建築家のコモンズ創造の事例であるが、資本主義システムに対する批判的な意図をもった者たちの実践に着目する。彼らは、土地や建物を人間の生存のために必要な基盤として認識しており、そのような重要なものが、人びとの必要性とは異なる次元で、価格を付けられ、市場で取引されることへの強烈な違和感を抱いている。そうした違和感を出発点とし、コモンズを創っていく活動を行う建築家・大工と、思想家の実践／論考を検討することで、現代社会においてコモンズが持つ意味について考察していく。

終章では、本書の議論を振り返りつつ、様々な設備を導入した結果、「重装備」となった住宅を問い直し、住宅を「軽くする」ことの提案を試みる。住宅の機能を切り詰め、シンプルにすることで、人びとが街に居場所を求めることを促すのである。もっとも、これは、住宅の機能が街に分散していることが必要であり、そうした機能を持ったコモンズが必要であるが、本章では下町での暮らしがヒントになると考え、神戸市長田区の事例を紹介しながら検討していく。また、自宅の諸機能を外部化したコモンズの事例についても紹介していく。

注

（1） その一部を挙げてみよう。「公共のくつろぎの機会」（ibid: 49）、「どこよりもまったりできる集いの場」（ibid: 49）、「社交での息抜きの機会」（ibid: 54）、「知らない人に出会い、挨拶をし、楽しい時をすごす」（ibid: 55）などが「インフォーマルな公共生活」の事例として挙げられている。そしてこの「インフォーマルな公共生活の中核的環境」こそが、サード・プレイスであると定義している。

（2） その他、遊び場、公園、運動場、スイミングプールといった公共施設、歩道や中庭、市民農園、教会、市民団体（人々が集まる固定的かつ物理的なスペースがある場合）定期的に開かれるマーケット、商業施設、カフェ、ダイナー、理髪店、書店などを挙げている。逆に、社会的インフラに相当しないものとして、交通機関、自家用車のような個人的な乗り物、上下水道システム、浄水施設、燃料供給網、送電網を挙げている。

（3） たとえば、建築家の嶋田洋平は、東京の雑司が谷にある自らの設計事務所のビルの一階にパン屋「神田川ベーカリー」をオープンし、地域の人々に親しまれている。

# 第1章

# パンデミックがあぶり出した〈住宅問題〉

## 1　現代の住宅が抱える問題

### 1　住宅をめぐる二つの疎外

現代日本に生きる私たちにとって住宅という私的空間はどのように経験されているのだろうか。もちろんその経験は一様ではないが、少なからぬ人が、どこかに息苦しさを感じてはいないだろうか。

祐成保志は『住宅の歴史社会学――日常生活をめぐる啓蒙・動員・産業化』（新曜社、二〇〇八年）の中で、住宅をめぐっては、〈欠如〉と〈過剰〉という二つの問題系があるのではないかと述べている。「〈欠如〉とは、安心して住めるところがないことであり、〈過剰〉とは、住宅が、そこに住む人々が支えきれなくなるほど重くなっていることである」（祐成 2008: ii）と述べる。

そして前者を第一の住宅問題と呼び、後者を第二の住宅問題と呼んでいる。祐成は第一の住宅問題とは〈住宅からの疎外〉であり、第二の住宅問題は〈住宅への疎外〉であると述べている。祐成の問題意識は「住宅が私たちの『身の丈に合っていない』という感覚が共有されていることである」（祐成 2008: ii）ということであった。

それでは第一の住宅問題、つまり〈住宅からの疎外〉とは何だろうか。それは端的に言えば、人々が住宅に主体的に関われなくなる、ということである。住んでいる住宅に何らかの不都合を抱えていても改築や修繕が出来ず、住宅に合わせて窮屈に暮らしていくしかない、という現状である。本章では、コロナ禍で明らかになった「住宅問題」こそが〈住宅からの疎外〉を端的に示すものであると考える。〈住宅からの疎外〉というワードを聞けば、失業者や貧困層の人びとが家を失っていく状況も思い浮かぶ。二〇〇七年には「ネットカフェ難民」という言葉が流行語大賞となり、人口に膾炙したことは記憶に新しい。本書ではこうした社会福祉的な、あるいは居住福祉的な議論を積極的に展開するものではない。もちろん、そうした議論は重要であるし、筆者も強い関心を抱いている。しかし、本書で展開する〈住宅からの疎外〉は、もう一段メタレベルの議論であり、現代に生きる多くの人びとが当事者として考えるべきものである。

二つ目の〈住宅への疎外〉とはどのような事象を指すのか。祐成によれば、「私たちは往々にして住宅にかかわる問題を住宅の改良によって解決しようとし、そしてその行為はたまたま住宅に表れているだけかもしれない問題を別の場所につなぐ経路を遮断してしまう」（祐成 2008: 262）ことであると述べている。〈住宅への疎外〉については、第2章で公共空間のあり方と共に論じていくが、本章では〈住宅からの疎外〉について検討していくことにする。

## 2　パンデミックから〈住宅からの疎外〉を考える

二〇二〇年初頭から、世界は新型コロナウイルス感染症（COVID-19）による社会の広範囲に及ぶ驚異（以下、コロナ禍）に晒されている。日本政府は、拡大する新型コロナウイルスの拡大傾向を受けて特別措置法の下でさまざまな施策を打ってきたが(1)二〇二二年九月現在、未だ収束の兆しは見えていない。

感染拡大への対策として、一部の公共サービスと生活必要上やむを得ない業種を除き多くの企業活動を制限するよう要請されたことで、多くの労働者は在宅で仕事をすることを強いられた。ロックダウンが解除されたことで通常勤務に戻った労働者も多いが、一部の企業では引き続きテレワークを実施している。通常であれば、労働や活動のために不在にしているはずの時間も在宅しているというイレギュラーな日々は、テレワークを実施する労働者も、普段在宅していることが多い主婦や育休中の者にとっても、負担を強いる事態となっている。テレワークそのものは、今後、長い時間をかけてその導入が推進されていくべき労働形態の一つであると考えられるが、コロナ禍によって突然、イレギュラーなかたちで強制されたためにさまざまな問題が引き起こされた。その問題の主たる要因は、住宅側にテレワークを受け入れる余地がほとんど無いことであった。

磯村英一は、一九八四年に上梓した『住まいの社会学二〇の章』（毎日新聞出版）のなかで、近い将来、科学技術の発達によって、人々は再び住宅で仕事をするようになり、職住分離から職住混在のような状況が生じていくのではないかと述べている。磯村は「住まいで機械を操作していればある程度の機能は果される」（磯村 1984: 235）と述べており、コンピュータの小型化と高性能化によって自宅でできる仕事が増え、人々がオフィスに通わなくてもよい時代が比較的早く来るのではないかという予測を立てている。二〇二二年現在、ビジネス使用に耐えうる高性能のパーソナルコンピュータが比較的安価で手に入り、高速・大容量のインターネット環境も同様に比較的安価に整備可能である現在、自宅で仕事をおこなう状況は整っている。磯村の予言は概ね当たっていると言えよう。

しかし、ここで抜け落ちている視点は住宅の間取りである。磯村のいう自宅で仕事をするイメージとはデスクや書棚が整えられた書斎で、誰にも邪魔されずに仕事をするというものであろう。住宅の一般的な間取りである3ＬＤＫに夫婦と子ども二人が住んでいる場合、三つの個室は二人分の子ども部屋と夫婦の寝室として利用されている。ＬＤＫはリビング・ダイニング・キッチンであるが、そこは食事とだんらんを行う、ひとつづきの「間」である。テレワークをするにも、書斎どころか家の中に適切な執務のための場所すら見つけ難いのが現状である。

リクルートが実施したテレワークをめぐる調査において、テレワークに関する不満について寄せられた回答には、「仕事専用のスペースがない」「仕事用のデスクがない」「仕事に適した共用部（ワークスペース）がない」といった住宅空間をめぐる不満が多かった。このことは、テレワークに対する住宅側の不備の証左であるといえる。テレワークではＺＯＯＭやＴｅａｍｓといったオンライン会議用アプリケーションを用いたオンライン会議が実施される。その際、子どもが写り込み、会議に割り込んでくるといった「ハプニング」が起こる様子がＴＶのワイドショーなどで話題にされることがある。

一人暮らしであっても、「生活感」のあるプライベートルームから、オンライン会議を行うのは気が引けるという感情が湧き上がるのは真っ当な意見だろう。オンライン会議の度に、気が進まない負の感情を抱いたり、同居する家族に気を遣ったりすることが日常的に生じていると考えられるのである。

つまり、一連のコロナ禍によって、現代日本の住宅（とりわけ都市住宅）には、仕事を持ち込めない、持ち込む余地がないということが改めて明らかになったのである。こうしたテレワークと住宅が引き起こすミスマッチを〈住宅問題〉として積極的に議論の俎上に上げていくことは意義があると考える。

そこで本章では、現代の住宅が、どのように生み出され、発展してきたのかについて概観し、それを批判的に問い直してきた社会学者の議論や建築家の試みについて検討を行う。そうすることで、コロナ禍でにわかに推奨され始めたテレワーク導入の最大のボトルネックが住宅であり、そこにはイレギュラーな事態を受け入れる余力も乏しければ、テレワークに対応できる間取りの柔軟性も存在しないという現在の都市住宅の現状について考察する。そうすることで、現代日本社会に暮らす我々がいかに住宅から疎外されているかについて、実例を挙げつつ検討することにしたい。

## 2　コロナ禍とテレワークシフト

### 1　テレワークの導入をめぐる議論

二〇二〇年以降、人々は、コロナウイルスの感染拡大防止のため、対人接触を減らすべく極力外出をしないように意識の変革を迫られてきた。コロナ禍は我々が自明視してきた、毎朝オフィスに出勤するという勤労形態にも大きな影響をもたらした。

都市部の労働資源の一極集中と少子高齢化による若年層の労働力減少は、かねてより社会問題になっている。その具体的な対策の一つとしてテレワークの有用性が提案されてきたが、それがコロナ禍で感染症対策としても有効であると発表されたことで、大企業を中心に本格的に導入されはじめたのである。

テレワークや週休三日制をはじめとする通勤頻度を減らす取り組みは、経団連によって策定された、オフィスと製造業に分けられた二種類の感染予防ガイドラインの中でそれぞれに共通して推奨されている。さらに、感染症対策のためのテレワーク導入に厚生労働省から助成金が支給されたことも、テレワークの普及の後押しとなった。

経済学者の中川雅之は都市部の労働資源一極集中問題とコロナ禍でのテレワークを取り上げながら、テレワークのもたらす未来を、人口の集中度を表す指数であるハーフィンダル・ハーシュマン指数（ＨＨＩ）を用いてスペイン風邪と比較して述べている。「一九一八年〜二〇年のスペイン風邪は今回と同様に人の密集が感染拡大をもたらすことが知られていた。（中略）しかしＨＨＩの動きは、その後も都市への集積が加速されていることを示す」と述べている。それではコロナ禍以後も、ますます都市への人口集中は加速していくのだろうか。これについて中川は、「両者（今回のパンデミックとスペイン風邪）が異なるのは、今回は『都市という技術』を用いなくても、生産活動を維持できるという選択肢が与えられているようにみえる」と希望的解釈を示している（日経新聞二〇二〇年七月九日朝刊）。

つまりＨＨＩで示される、パンデミック後の、都市への人口のさらなる集積は、テレワークを効果的に用いることによって、回避されていく可能性があることを示唆している。

これまでも、総務省の調査では職場にとらわれない新しい働き方、つまりテレワークの可能性は「労働生産性の向上」「勤務者の移動時間の短縮」への期待として挙げられていた。しかし、コロナ禍においては、社員の感染防止という消極的な意味において、それが実施されようとしている。労働者の孤独感を補うコミュニティの形成や業務内容の確立、勤怠管理方法の確立という課題はありつつも、これまで企業社会において前提とされていた勤労＝出社という通念は大きく揺さぶられようとしていることは確かである。

しかし、その変化を個人レベルでみれば、多くの企業・労働者がテレワークをプラスに評価する一方で、国土交通省の調査では「テレワーク（在宅勤務）を実施した人で何らかの問題があった、とした人の割合は、通常通り実施している人は四割強に対し、『今回はじめて実施』した人や、『実施したことはあったが今回あらためて実施』した人では約八割と、非常に高かった」ことが明らかになっている。出勤することを通じて、ウチである「家」とソトとなる「仕事」を切り離してきた一般的な労働者のなかには、休息の場である家に仕事を持ち込むことを迫られることによる、精神的・身体的な負担を訴える者もいる。

その他テレワークについてのネガティブな意見としては環境・ルールが整備されていないまま制度だけを導入した企業に対する不満や、労働環境の変化による集中力の低下、社内コミュニケーションの不足を原因とするミスが生じないかという不安だという声もあった（日経新聞電子版二〇二〇年三月三日）。

労働スペースを自宅内に設けることが難しく、生活スペースに無理やり労働環境をつくる必要があり、さらに、同居人がいる場合には、家事や育児・介護などの家庭内サービスとの両立に問題を抱える労働者もいる。

コロナ禍に起因する生活様式の変容は、住宅が未整備な状態で強いられた。それは、本来であれば住に関する意識改革からスタートし、時間をかけて徐々に取り組むべき課題であったテレワークという労働形態を半ば強引に、一気に推し進めていったのである。

## 2　テレワークと住宅問題

つづいて、コロナ禍中に実施された二つの調査から、テレワークに際して具体的にどのような問題が生じていたのかという問いについて検討していきたい。博報堂生活科学研究所が実施した「第三回新型コロナウイルスに関する生活者調査」（二〇二〇年六月）の項目「新型コロナウイルス収束後も必要だと思う社会制度」において、「今後、新型コロナウイルス感染への懸念がなくなったとしても、充実化・習慣化が必要だと思う社会制度」についてきいたところ、最も割合が高かった「出入国者の管理・許可の厳格化」（八六・五％）に次いで「テレワーク」（八四・五％）が僅差で二位に入っている。全ての項目で女性の方が男性よりも一〇ポイント以上高い結果となっている。

また、リクルートの調査(2)ではとくに、既婚で同居する子どもがいる場合、「仕事専用のスペースがない」という項目を「不満」だとして挙げている者が約四割に及んでいる。

次に、テレワークを実施する場所として、五五％の者がリビング・ダイニングを挙げており、書斎等の専用ルームでテレワークを実施できている者は一六％に過ぎない。また、テレワークを実施する際、多くの者がZOOMやTeamsといったオンライン会議用のアプリケーションを使ってオンライン会議を実施している。その際の実施場所について聞いたところ四四%の者がリビングルームを挙げており、書斎で行っている者は一七%に過ぎなかった。また割合は少ないがトイレや風呂といった場所でオンライン会議を実施していると回答している者も存在していることに驚かされる。

そして注目すべきは、コロナ禍以降もテレワークを実施したいと回答している者が実に八割を超えているということだ。こうした回答結果は、テレワークが一次避難的な働き方ではなく、今後、徐々にシフトしていくべき働き方の一つの方向性を示していることの証左であろう。

さて、そのようにコロナ禍の収束以降もテレワークを行う場合、約半数の者が間取りの変更を希望している。約三割の者が「仕事専用の小さな独立空間が欲しい」と回答しており、「リビングルームの一角を間仕切り可能な仕事スペースとしたい」、「リビングルームの一角にテントや簡易な小屋的な空間がほしい」という回答が続いている。さらに、上記と同様の条件で、今後住み替えたい住宅の希望条件を聞いたところ、最も多い回答が「今より部屋数の多い家に住み替えたい」で四割を占めている。

こうした回答結果は、テレワークに既存の多くの住宅が対応できていないことの証左である。住宅の歴史を振り返れば、二〇世紀は職住分離が最も進んだ時代であると言えるだろう。ベッド・タウンという言葉に象徴されるように、都心のオフィスに通い、郊外の住宅に寝るために帰るという生活が都市部では一般的である状況にあって、住宅は労働力の再生産を担う場として「発展」してきたのである。

## 3　日本の住宅の変遷――「51C型」からnLDKへ――

### 1　「51C型」と戦後日本の都市住宅

明治の近代化を通じて、地方から都市へと人口が流入し続けていくが、それにともなって、都市の人口増が問題になる。明治以降人口が増大した都市は、第二次世界大戦の空襲で焼き払われた結果、多くの住宅が失われた。戦後、戦災を被った都市の人口増加という問題に加えて、空襲で消失した住宅を国民に提供するための効率的で安価な住宅の設計が喫緊の課題となった。そこで登場するのが「51C型」である。

現代の住宅のスタンダードとなっているのはnLDKという平面計画である。そのプロトタイプとなったといわれる「51C型」は、どのように生まれ、発展してきたのだろうか。「51C型」とは、一九五一年度公営住宅標準設計の一つの型である。鉄筋コンクリート造の不燃構造を有しており、台所・食事室に六畳と四畳半という二間、そして「物置き」を実装したプランである（図1-1）。その特徴として「食寝分離」という食事をする部屋と就寝する部屋が分かれている、という点がよく指摘される。しかし、これは「51C型」の開発に際してはじめて唱えられたものではなく、当時京都大学で教鞭をとっていた西山夘三が「住み方調査」によって得た知見が盛り込まれている。

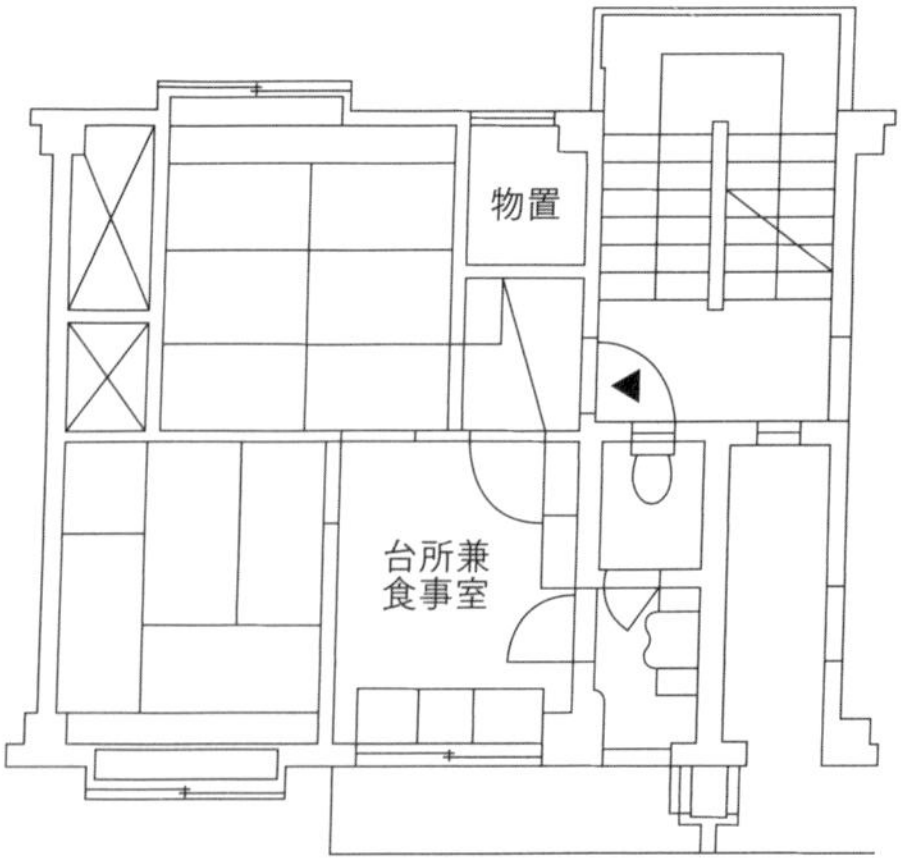


図1－1　51C型
出所）10+1DATABASE 渡辺真理「集合住宅のフレームワークを考える」より引用.

「住み方調査」において西山は、従来の日本の住宅の特色とされた部屋の融通性・臨機応変性を批判し、零細な住宅であっても食事をとる部屋と就寝するための部屋は意図的に分けられていることを示した。西山のこうした調査結果は、吉武泰水らに引き継がれ、2DKで約三五平方m程度の公共住宅のモデルがつくられ、それが全国に普及していった。このような住宅は夫婦の情愛や子どもの教育、家族の健康といった「私生活」を充実させて行く空間として、それ以降の住宅の前提を作っていった（山本・仲2018）。

「51C型」の設計に関わった建築家の鈴木成文は、こうした前提を共有しつつ、西山の食寝分離の原則に賛同し、それを踏襲しながら「食寝分離」にとどまらない「就寝分離」を実現しようとした。「就寝分離」とは、二部屋に分かれて就寝することである。両親と子どもからなる家族の場合、子どもが小さいうちは家族全員で就寝するが、子どもが大きくなってくるとある時期から二部屋に分かれて就寝するようになるのだ。鈴木は、多くの住宅を対象とした「住み方調査」から、こうした就寝分離が多くの家庭で生じていることを発見した。

「これ以降、私生活の場所としての住宅が建築家が住宅をつくる時の大前提となった」（山本・仲 2018: 19）。こうした私生活を守る、というベクトルが過剰に強められたことで、それが〈住宅への疎外〉という別の問題を引き起こす要因となっている。このことについては次章で詳しく検討したい。

戦争で焼け野原になった東京から建ち上がる未来の住宅は、木造ではなく不燃の鉄筋コンクリート造であるべきだという意見から、試験的に鉄筋コンクリート造四階建てのアパートが建設された。「東京都営高輪アパート」と名付けられたこの建築はその後の公営住宅の嚆矢となり公営住宅は不燃の鉄筋コンクリート造という流れが定着していくのである。

その後公営住宅を全国展開するに際して建設省は標準設計をつくった。それは「49A」、「49B」、「49C」、と三つの型を持っていたが、この標準設計というものに大きな意味があった。なぜなら、当時地方には鉄筋コンクリート造の建築などは存在せず、それを作れる大工も存在しなかった。そのため、この標準設計を通して建設省には技術指導を行うという意図があったからである。その後一九五一年度の標準設計の作成に際しては、これまでよりも大きな委員会がつくられ、より広い観点から標準設計が議論された。その結果、当時東京大学の助教授だった吉武が提出した「51C型」が採用されたのである。

## 2　モダンリビングとnLDKの誕生

「51C型」の設計理念は、住み方調査から得られた知見と、「食寝分離」という明快な方向性によって裏打ちされている。松原小夜子によれば、これらは「限られた面積と低生活水準のもとでの住生活の秩序化に対する答えであった」(松原 1996: 54)。さらに、「もう少し面積にゆとりがあり、生活水準が向上した段階での近代化の方向についても、戦後すぐの時期から模索が試みられていた」という。それが「公私分離」と「モダンリビング」である。

前者は、公的生活と私的生活を分離すべきというものであり、後者は、洋室の居間と家族の個室から構成されるものであるが、ここで少し説明を加えておきたい。鈴木成文によるとモダンリビングとは以下のように整理されるという。

①床に座る生活から椅子式の生活へ(起居形式の洋風化)。②個々の生活行為に対応した部屋を計画する(機能の文化)。③導線の短い間取り(平面計画の合理化)④封建制を象徴する格式性の排除(接客中心から家族中心へ)。⑤主婦の家事労働の軽減(生活の合理化)(鈴木 2004)。

大きさの限られた規模の中に、住まいの近代化に向けての建築家の提案が数多く盛り込まれているこれらの計画は、法律により建築面積が制限された状況にいかにうまく適応するかが追及されている。「個室とLDKから構成される公私室型と呼ばれた住宅平面は、一九七六年には公団住宅の標準設計に加えられ、2LDKや3LDKタイプの間取りが多く生み出されることになる」（松原 1996: 56）。こうした発展の方向は、住み方調査に基づいて設計された戦後の公営住宅のプロトタイプとは異なり、日本人の「住まい方」を必ずしも踏まえたものではなく、「西洋的で合理的な生活スタイル」を具現化したものである。松原はnLDKが一般化した背景として、それが持つ「西洋的なるもの」という記号的な価値を検討する必要があるという。

ダイニングキッチン、リビングルーム、ベッドや勉強机が置かれた子供室などの空間、それらからイメージされる西洋風の豊かな生活像が、「西洋的なるもの」という記号性を有して、憧れの空間として求められてきたのではなかったか。実際に使いこなせるか否かは、二の次だったのかもしれない。（ibid: 49）

事実、一九六七年〜六八年に実施された大阪の3LDK調査[3]によればDK形式の広汎な普及にもかかわらず、食事をする際には、ダイニングキッチンを利用せずに、畳の部屋に移動していることが指摘されている。とくに冬季はダイニングキッチンの暖房設備が不十分であることもあいまって、こうした移動が引き起こされているというのである（広原ほか 1970）。

LDKスタイルの住宅が登場した当初、LDK部分の床は板張りであった。またリビングルームが狭い上に、板張りは冬季には寒いことから、LDKは事実上DKとして使われ、リビングルームとしての機能は、隣接した畳敷きの部屋が担っていた。また、Lが無いＤＫの場合も、ダイニングとしてそこで食事が行われる事例は少なく、こちらも食事の際は隣接した畳敷きの部屋へ食事を運び込み、そこで食事をする状況が見られるという。

「3ＬＤＫでは、設計の意図通り板の間をＬＤＫとして使っているのは、僅か夏で一七％、冬で八％にすぎない」(ibid: 64) という。松原はこうした状況について、「リビングルームは、冬場には十分に使いこなせないながらも、一応家族のだんらん空間であるとともに、「応接セット」が似合うと意識させるようなソト向きの空間としての生活も合わせ持って、広く普及してゆくのである」と述べている。

消費社会論の観点から住宅を研究している山本理奈も、人びとの生活実践によって、建築家が割り当てた機能とは異なった使われ方をしている空間について、分譲マンションのＬＤＫを例に挙げながら指摘しており、それを「生きられたＬＤＫ」と呼称している（山本 2014: 22）。

生活の実態を反映したものであるとはいえないｎＬＤＫタイプの住宅が拡大していったのは、戦後の住宅政策によるところも大きい。戦後制定された「三本柱」の法律、すなわち住宅金融公庫法（一九五〇年）、公営住宅法（一九五一年）、日本住宅公団法（一九五五年）のいわゆる「住宅の五五年体制」の下で推進されてきた持家政策によって、住宅は労働者自らが獲得すべき目標とされた。一九七三年一月三日の朝日新聞に「現代住宅双六」と題されたイラストが掲載されている（図1-2）。建築家の上

図１－２　現代住宅双六（絵・久谷政樹）
出所）朝日新聞1973年１月３日付.

田篤によって描かれたこの双六は、ベビーベッドからはじまり、様々な住宅を変遷しながら、「庭つき郊外一戸建て住宅」の「上り」を目指すものである。

この「住宅双六」は、人々に人生のそれぞれの段階において、「相応しい住宅像という理想」が人々に共有されていることを示しているが、そのどれもがｎＬＤＫを基本とした間取りを持つ住宅であることに注目したい。さらに、西川祐子が指摘するように、こうした住宅を人びとがこぞって、手に入れようとした背景には、こうした住宅に暮せば幸福になれる、という信憑が広く共有されていた、ということも重要である（西川 2010）。

## 4 nLDKへの批判と脱nLDKの試み

### 1 nLDKへの批判

社会学や社会福祉学は、居住福祉の問題や復興住宅の問題、あるいはマイノリティの集住地区における住環境問題や立ち退きをめぐる問題に真摯に取り組んできた。しかし、ほとんどの社会学者は、住宅の形態そのものに批判の目を向けてこなかった。住宅の平面計画に批判の目を向けた数少ない社会学者として上野千鶴子の名前をあげることができる。

上野は、nLDKを住宅のプラン（平面計画）に埋め込まれた家族規範やジェンダー規範という視点から厳しく問い直した。また、そうした見解を建築家との対話のなかで、建築家に直接投げかけることで、より現実的な解決方法を見出そうとする努力を繰り広げていた。

上野がまず批判の矛先を向けたのは、我々が現在居住する住宅のベースとなっているnLDKという規格の自明性についてである。「家族の住む空間は、戦後、いくつかの試行錯誤を経て、nLDKの規格におちついた。この規格は強力なもので、ほとんどの注文住宅も、施主の好みにかかわらず、だいたいnLDKのヴァリエーションの範囲に収まっている。」（上野 2002: 17）と述べ、それがあたかも不変・不動のルールであるかのように存在していることに違和感を表明している。

また、上野は、住宅が住むことに特化した場として発展してきたこと、そしてその住むという概念に含まれる行為が「食べる、寝る、性行為をする、育てる」といったことくらいであり、住宅のなかで生産活動を行ったり、働いたりすることが全く想定されていないことを指摘している。こうした家が集積した地域がベッド・タウンであるが、その背後には「生産と消費を分離して、職住分離をし、その上で生産は男、消費は女と性別配当してきた近代社会の仕組み」（山本理顕編 2006: 102）があると述べる。

同様のことを、日本史・日本文化学を専攻する歴史学者のジョルダン・サンドは以下のようにパラフレーズしている。

核家族の形成、持ち家の実現、そして新発売された耐久消費財の買い集めは、高度経済成長期を通じて、日本の都市部における成功した中流家庭の生活を特徴づけた。これらはまた、近代的所有権レジームのうち私的な方の半面を構成しており、住宅政策や都市政策を通じて国家によって許可・促進され、会社資本によって支えられた。この枠組みは、数が多く安定的で、「家庭に繋がれた」、ホワイトカラーの労働者を必要とする。そしてこの枠組み内部の（男性であることが想定された）典型的市民は、市場から、そして核家族の要請を超える様々な共同体の要請から理論上隔離された私的空間を求めた。二〇世紀資本主義の中心地であれば世界中で見られたこのシナリオのなかで、市民は自己の「再生産」、すなわち日々の労働と次世代に投射される社会的地位との「再生産」を支えてくれる妻と子供を、住まいという私的空間に保管したのであった。（Sand 2013＝2021: 9）

サンドの議論を読めば、ｎＬＤＫタイプの都市住宅が、徹底して労働力の再生産のための私的空間としてあり続けたということがわかる。女性（と子ども）が隔離された私秘的な空間となった都市住宅は、男性を疎外した女性の空間へと変化していくのである。この議論は、第2章で〈住宅への疎外〉としてもう一度議論したい。

## 2　建築家による脱ｎＬＤＫの試み

サンドの指摘に見るように、ｎＬＤＫタイプの都市住宅は、企業の発展を支えるホワイトカラーの労働力を再生産していくための私的空間としてあり続けてきたことがわかる。それ故に、社会的な問題として広く問い直されることが少なかったとも言える。しかし、家族社会学がドメスティックな問題へと切り込んでいく流れの中で、上野は住宅の間取りの不備といった建築空間そのもののあり方にも切り込んだ。その批判の矛先は、建築家に向けられたものでもあった。

それでは、住宅を設計する建築家はどのような見解を持ち、どのような変革を試みてきたのだろうか。以下、そうした建築家の試みについてみていきたい。はじめに建築家の黒沢隆の語りをみてみよう。

> 本質的な問題として、賃金労働の定着と重大なかかわりのもとに誕生した近代住居は、やはり第二次産業を基幹産業とする社会にのみ有効なのであって、第三次産業を基幹産業とする現代社会にとってその意味をもたない。（黒沢 1997: 21）

黒沢の指摘は、51C型や、nLDKタイプの住宅は、第二次産業の労働形態にフィットする住宅の形態であり、第三次産業を中心とした現代社会にはフィットしないということだ。それでは、第三次産業に従事する労働者が多い現代社会に相応しい住宅とはどのようなものが考えられるのだろうか。社会学者と異なり、建築家は疑問の回答を具体的な建築空間として具現化して提出できるという強みがある。黒沢の提出した住宅プランを見ていくまえに、黒沢の住宅観を概観しておこう。

黒沢は「職場あるいは仕事場での作業はほんの仕事の一部にすぎない。仕事のおおく、つまり思考そのものは「私生活の場」であるはずの近代住居にまで持ち込まれてくる。そこは単に再生産の場ではなく、ある意味で仕事場でもある」（ibid: 20）と述べている。端的に言えば「肉体労働」から「頭脳労働」への労働のシフトにしたがって、住宅は肉体的な再生産の場としてだけではなく、「頭脳労働」に資するアイデアなどを思いつく場としても住宅を考えていくべきだという見解である。

また、決定的に住居を変容させる力学として、黒沢は「『社会―家庭―個人』いう段階構成が、いまや『社会―個人』という直接の関係に転化してしまった」(ibid 1997: 22) ことを挙げている。この背景の一つには女性の社会進出がある。女性も男性と同様にフルタイムの職業を持つことが当然のごとく目指される現代社会において、夫婦それぞれが直接、社会と関係を持っている。黒沢はこうした事実を「ふたつのパブリックな生活と、ふたつのプライベートな生活の共存」(ibid 1997: 22) と述べている。こうした問題意識から黒沢は、子どもも含めて家族の成員の数だけの「個室」を実装した住居、すなわち「個室群住居」というプランを提唱している。もっとも、ここでいう「個室」とは、子ども部屋のような単なる居室ではなく、一人の人間が完結して、一日の生活を営める場所として計画された部屋である。

黒沢の影響を受けつつ、理念としての家族の社会的な役割を前提とせず、家族の成員一人ひとりが個人としてダイレクトに社会と結びつく時代の住宅を考えている建築家に山本理顕がいる。

山本は「東雲キャナルコートタウン」の計画において、スモールオフィスの機能も有する住宅の設計を行っている。図1-3は山本理顕が設計した東雲キャナルコートタウンの最小ユニットとして提供されている住宅のプランである。これはリビング・ダイニングを一体型のワンルームとしても使

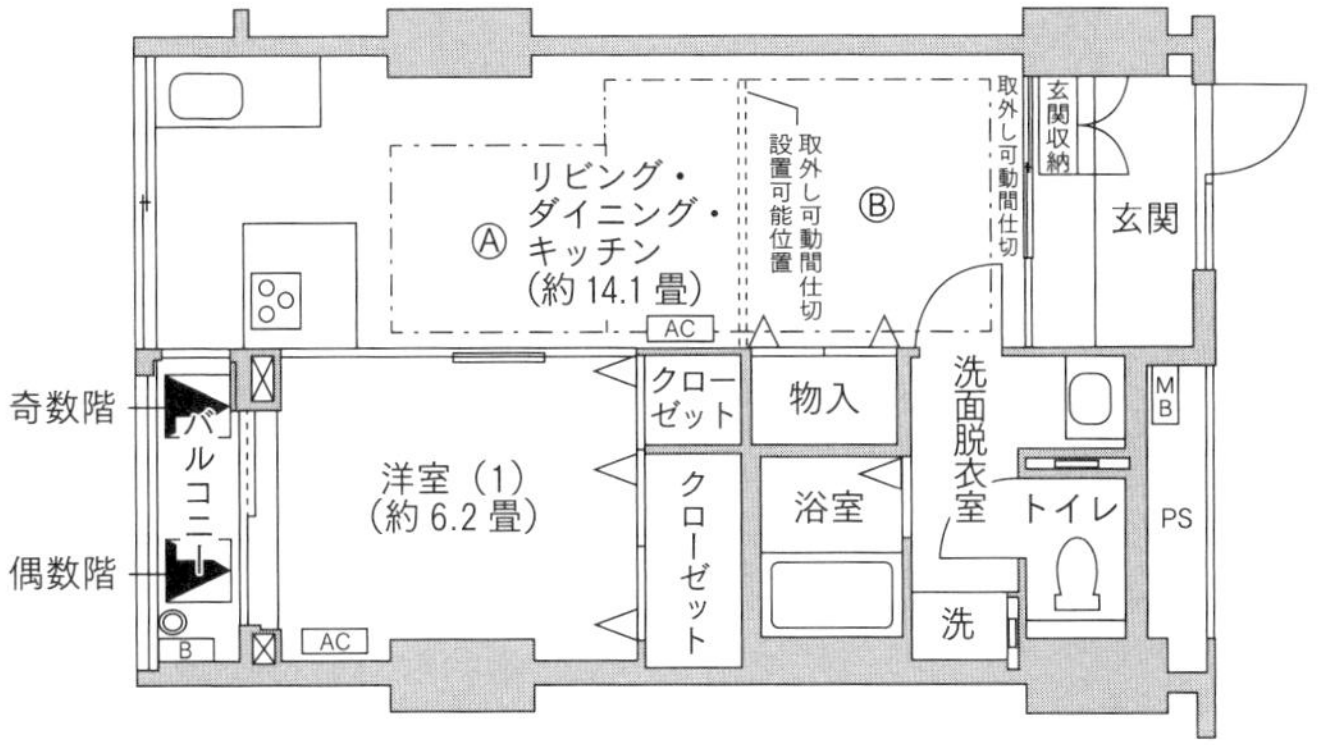


**図１－３　東雲キャナルコートタウン**

出所）ホームズ HP（https://www.homes.co.jp/，2020年７月20日取得）.

える一方で、パーティションを閉じれば、プライバシーが守られた閉鎖的な執務スペースとしても利用できる設計である。たしかに、この空間であれば、図１－３の図面上の「Ｂ」の部分をテレワークスペースとして一時的に使用していくことは可能だろう。

山本理顕のこの住宅計画は、実験的な住宅を一軒建てることで特殊解を示そうとするのではなく、数百戸規模の集合住宅の実際のプロジェクトにおいて、ｎＬＤＫの呪縛から自由になるための試みを具現化させている。黒沢や山本に続いて、多くの建築家が様々なプランを提出してきた。しかしながら、そうした試みは限定的であり、ｎＬＤＫを乗り越えるプランが実現する兆しは見られないのが現状である。

## 5 私的空間の限界を乗り越える

戦後登場した「51C型」は広汎な住み方調査から得られた知見を盛り込んで、合理的に設計された住宅計画であった。戦争で焼け出された人々に快適な住宅を一刻も早く供給しようと、建築家や研究者が勢力を傾けて取り組んだ成果である。それは長期に渡って流入が続く都市部の人口を効率よく吸収するための「装置」としてマクロレベルにはうまく機能した。

その後は、西洋風のモダンリビングへの憧憬が盛り込まれたLDKスタイルの開発が進められ、そのバリエーションを増していく方向で発展した。戦後しばらく経って整備された日本の住宅政策は人々に住宅の自力調達を促すものであった。人々は小さな借家からスタートして、やがて3LDKのマンションや4LDKの庭付き一戸建て住宅を確保することで「上り」となる「住宅双六」のプレイヤーとなることを運命づけられたのである。

しかし、建築学者はそうしたLDKの普及と居住者の生活との間には乖離があるのではないかと睨んだ。大規模な住み方調査を実施し、やはりそこには乖離があることを証明した。それでも、高度経済成長時代の所得の上昇を踏まえた消費社会化は、住宅の自力取得を奨励する住宅政策の目論見とも相まって、商品としての性格を強めていく。住宅が商品になる、ということは、市場に乗りやすいように、流動性を高めていくことが必要とされる。そのため、特殊な間取りや仕様は嫌われ、住宅の平面計画《プラン》は万人受けするものへと収斂していく。住宅に対する人々のニーズのいわば最大公約数がｎＬＤＫという間取りだったのである。商品としての性能を高めていく住宅は、住人の生活実践を反映しない。一九七〇年代に実施された調査で、使われ方と平面計画との間に乖離があることが指摘されているように、住宅のこうした方向への発展は、住人の生活スタイルとの間に齟齬を引き起こすことは必然だろう。

しかし、その後も、そうした齟齬が改善されない一方でＬＤＫ（リビングルーム・ダイニングルーム・キッチン）は商品化された住宅の「顔」として、仕上げの素材やライティングといった記号的価値を高めるため方向で発展していった。このように、生活の実態を反映しないまま、消費者社会における値の張る商品となった住宅は、その商品としての側面にだけスポットライトを当てられ、住人の生活を置き去りにしたまま「東京湾岸のタワーマンション」や「世田谷の一戸建て」などといった記号的な価値を肥大化させ続けている。

そうした状況を新型コロナウイルスがもたらすパンデミックが直撃した。感染リスクを回避するための試みとして、にわかに湧き上がったテレワークシフトは、その機運の高まりとは裏腹に、住宅がボトルネックとなってそのスムーズな導入が難しくなっている。ｎＬＤＫという平面計画は、都市であろうが、郊外であろうが、地域特性を無視して日本中を席巻している。そのため、住み替えるにも間取りのバリエーションはほとんど無い。どうしても、というのなら無理をしてでも資金を調達し、3LDKから4LDK、5LDKの部屋に移るなどするしかない。また、DIYでテレワーク用のブースを作ろうとしても、住宅DIYの知識も経験も不足しているためそれを達成できないビジネスパーソンが多いだろう。

いわゆる「ウィズコロナ」の時代になれば、多くの労働者はテレワークと向き合わざるを得ないが、何度も繰り返しているように、既存の住宅にテレワークを持ち込むことは難易度が高い。テレワーク時代の住宅の確保には空き家などの住宅ストックを見直していく必要がある。しかし、それは空き家の流動性の低さという問題とも相まって、喫緊の需要には追いつかないだろう。

住宅の「硬直性」と「画一性」こそが、不測の事態に照らして大きなリスクであることが明らかになった以上、今後は多様な住宅プランの研究と開発が一層活発になされていくべきであろう。しかし、パンデミックから三年が経過しようとしている二〇二二年一一月現在、柔軟なプランをもった集合住宅が計画されたり、売り出されたりするというニュースは寡聞にして聞かない。

あるいは、ユーザーである住人がDIYでカスタマイズし、住宅をより住みやすく、使いやすいものに作り変えていく試みが話題になりつつあるが、こうした動きは一部の限定的な動きにとどまっているのが現状である。

このように、住宅そのものは目立った変化が見られないが、我々の生活空間の周辺にある「準住宅的」な建築のバリエーションが急速に豊かになりつつある。たとえば、様々なタイプのシェアハウスの出現や、ワーケーション等のショートステイに対応したゲストハウスが次々と登場してきていることがその証左である。あるいは、キャンプ人気の高まりや車中泊など、住宅以外の場所での生活も、オルタナティブな居住のバリエーションの一つとして存在感を増してきているのは事実である。こうした変化は、硬直化した既存住宅に愛想を尽かしたユーザーたちが潜在的に持っていた多様な居住ニーズの高まりを商機として捉えていこうとする動きである。こうした動きが〈住宅からの疎外〉を緩和する要素の一つとなるだろうが、それもまた、資本主義が提供する商品住宅の一つのバリエーションと言えなくもない。

ただ、このような議論は、すべて「私有」を原則とした私的空間のアップデートである。多様で挑戦的な試みが見られるのは事実であるが、住宅の限界を個人の私的な試みで突破しようとすることには、限界があるのではないか。まず、何よりも一定の経済力が無ければ難しい。そうであるならば、本書のテーマである共的な空間（コモンズ）の拡充こそが現実的な解答なのではないだろうか。

本書では、私的な空間の一部をコモンズとして開放していく動きにも注目していくが、こうした動きは単なる私的な空間のアップデートではなく、私的な空間を共的空間へとアップデートする試みである。両者は明確に区別しておきたい。

共的な空間（コモンズ）について議論していく前に検討しておかなければならないのは、公共空間、公的な空間の様相についてである。公共空間においてこそ、住宅から疎外された人びとの受け皿となる空間や場所を用意すべきではないのか。それが出来ていないゆえに、〈住宅からの疎外〉をめぐる問題が深刻化しているのではないか。とはいえ、公共空間には図書館や公民館、緑豊かな公園や、広々としたオープンスペースもあるではないか。それらはしかるべき機能を果たせていないのだろうか。

次章では、公共空間の機能不全を問い直し、それがもたらした〈住宅への疎外〉について検討していきたい。

注

(1) 政府は二〇二〇年三月一三日に新型コロナウイルス対策の特別措置法を制定した。この法律は、全国的かつ急速なまん延により、国民生活や経済に甚大な影響を及ぼすおそれがある場合などに、総理大臣が宣言を行い、緊急的な措置を取る期間や区域を指定することができるというものである。その後、二〇二〇年四月七日に東京、神奈川、埼玉、千葉、大阪、兵庫、福岡の七都府県に緊急事態宣言が発せられ、四月一六日には対象を全国に拡大した。その後五月一四日に北海道・東京・埼玉・千葉・神奈川・大阪・京都・兵庫の八つの都道府県を除く、三九県で緊急事態宣言を解除することを決定した。五月二一日には、大阪・京都・兵庫の三府県について、緊急事態宣言を解除することを決定した。一方、緊急事態宣言は、東京・神奈川・埼玉・千葉・北海道の五都道県で継続。五月二五日に首都圏一都三県と北海道の緊急事態宣言を解除、これによって約一か月半ぶりに全国で解除されることになった。

（２）リクルート住まいカンパニー「新型コロナ禍を受けたテレワーク×住まいの意識・実態」調査。二〇二〇年五月二二日。

（３）調査の概要　調査時期一九六七年一〇月面接予備調査。一九六八年二月六日〜一三日、調査対象地　千里ニュータウン、香里団地。調査方法：各戸に世帯票と一五歳以上の個人票からなるアンケートを配布。調査対象世帯は七七七世帯、一五歳以上の調査対象者は一七六二人、回収率は世帯票八六・一%、個人票七八・一%。

# 第2章 公的空間の限界と住宅への疎外

## 1 震災前の住宅と街

### 1 街全体が居場所だった下宿街

筆者は一九九三年に一年間の浪人生活を経て関西学院大学社会学部に入学した。金銭的に余裕が無かったので、憧れていたワンルームマンションには住めず、家賃の安い「下宿」と呼ばれる学生向けアパートに住むことになった。「下宿」は関西学院大学を取り囲むように、大学の周囲にたくさん存在していた。筆者の自宅となったのは、大学の敷地の真横にある、昭和三〇年代に建てられた木造モルタル仕上げの建物だ。大家の自宅を平屋（一部二階建て）の学生寮がL形に取り囲んでいる（写真2-1）。筆者が暮らしていた場所は、敷地の北東に位置する「離れ」の一画であり、そこには私を含めて三人の学生が住んでいた。初年度は、一階の一番狭い六畳間に住んでいたが、向かいの広い部屋が空くというので、二年生からはそちらに移動させてもらった。

その部屋はもともと四畳半一間だったものがリノベーションされて、大きなワンルームになっており、九畳間ほどの広さがあった。一人暮らしには十分な広さであった。

家賃は、共益費込みで二万五千円だった。月々の家賃は、大家宅に「家賃通い帳」と現金を持って行き、手渡しで支払っていた。

大家の自宅は、筆者の自室がある建物から裏庭を介して繋がっているので、大家が在宅している気配を察して訪問していた。その際、大家といろいろな話をするのを楽しみにしていた。たいていは一〇分程度の立ち話だったが、長いときは一時間以上話し込むこともあった。話題は様々であった。大学での出来事や将来に対する漠然とした不安を聞いてもらうことも多かったように思う。大家から差し入れをもらったりすることもあったし、こちらが旅行の手土産を渡しに行くということもあった。

阪神淡路大震災前、通っていた関西学院大学の周辺には、筆者が住んでいたのと同じような木造の学生寮がたくさんあった。こうした学生寮は、風呂無し、トイレとキッチンは共用というタイプが多かった。筆者の住居にはキッチンが無かったし、キッチンがあるタイプの学生寮でも、そこに設えられていたのは、一口のガスコンロと、小さなシンクのみである。そうしたキッチンであれば、インスタントラーメンを作るのが関の山である。

そこで、学生たちは少しでもまともな夕食を求めて、近隣にある定食屋に食べに出かけるのである。

多くの学生は毎晩外食できるほどの余裕は無かっただろうが，当時（一九九〇年代後半）は五〇〇円前後で食べられるメニューも多かったので，それほど無理なことでもなかった。まだ，世間の景気が良かった時代の名残りがあった一九九〇年代，地方の出身者もそれなりに居て，下宿をする学生も多く，大学周辺の下宿街は学生で賑わっていた。そうした学生の需要を見込んで，安くて量が食べられる定食屋が，筆者が住んでいた学生街に十数件ほどあった。定食屋の建物からは，暖色の灯かりと食欲をそそる料理の匂いと，学生たちが談笑する声が漏れていた。こうした定食屋も居場所であった。マンガ雑誌やスポーツ新聞が置いてあるので，それらを読んだり，友人たちと長居することもしばしばだった。

写真２-１　筆者が住んでいたタイプに近い学生アパート
出所）筆者撮影.

筆者は食事を済ませるとお気に入りのセレクトショップのオレンジ色のショップバックにタオルと着替えを入れて銭湯に向かった。震災前までは，筆者の下宿から徒歩で行ける範囲に二件の銭湯があった。その内の一軒は坂を下って行った先にあるため，もう一軒の銭湯に行くことが多かった。

風呂に行くと，基礎ゼミや語学が同じクラスの学友に会うこともあった。高い頻度で会うので、筆者は彼らを「風呂友」と呼んでいた。「風呂友」とは、湯船の中で会ったり、脱衣所で出会ったりするのである。彼らとは「最近どう?」などと他愛もないスモールトークを交わす程度であったが、そこに行くと必ず誰かが居る、という安心感があった。

銭湯から出ると、自動販売機でジュースや、時にはビールを買って下宿に戻り、友人たちと夜が深くなるまで飲みながら語り合う、そんな日々を過ごしていた。不用心で決して褒められた習慣ではないが、筆者は自宅の鍵をほとんどかけたことがなかった。常に友人が出入りしており、翌日の一限の授業に遅刻せずに来られる自信のない友人を宿泊させたりすることもしばしばあった。こうした状況は筆者の下宿だけではなく、友人宅も似たようなものであった。今で言う「住み開き」というアクションに近いものであった。

大学も居場所そのものだった。筆者はテニスサークルに所属していたが、大学の中に使わなくなった事務机や学習机、椅子やベンチを持ち込んで「ボックス」と呼んでいたたまり場を作っていた。筆者のサークルのたまり場は、キャンパスのメインストリート(銀座通りと呼ばれている)の一画にあった。授業が無い日は、ボックスに行くことが日課になっていた。そこに誰もいなければ図書館に行って本を読んで過ごしたり、広大な芝生広場(中央芝生、学生はチューシバという愛称で呼んでいる)に行って、持ってきた本を寝転がって読んだりしていた。夜も、比較的自由にキャンパスに入ることができた。夜のグラウンドでキャッチボールやサッカーをしたり、観覧席に座って夜空を見ながら宅配ピザを食べたりした。いま、思い返しても下宿の部屋に引きこもっていた思い出はあまり無い。それは大学や、下宿街の至るところに居場所があり、そちらに強く誘引されていたからだ。

## 2　街の中の居場所

以上は大学周辺の下宿街の描写である。つづいて、よく飲みに出かけていた繁華街の様子の描写をしてみたい。関西学院大学の周辺は住宅街であり、下宿はその中に点在している。近畿大学や関西大学の周辺に存在しているような、学生街と呼ばれるような商店街は存在しない。そのため、飲みに行くのは大阪の梅田か神戸の三宮が中心であったが、大学の友人とは気軽に行ける地元の西宮北口周辺に行くことも少なくなかった。

下宿から西宮北口までは、バスか電車で行くことが多かった。バスでも電車でも二〇〇円程度かかる運賃を浮かすために、飲みに行くときは四〇分ほどかけて歩いて向かっていた。

現在はショッピングモールと高層マンションに建て替わってしまったが、当時は西宮北口の周辺には様々な商店が集まった商店街があった（写真2-2）。「北口本通り商店街」はその中心的な商店街であった。当時、筆者がよく訪れていた店は、北口本通りの路地の中にあった。アジア各地の民族料理を出す店だった。九〇年代前半、「エスニック」という言葉をよく聞いたが、その店が出す料理は、いわゆるエスニック料理、ということになるのかもしれない。

写真2－2　震災前の北口本通商店街

出所）にしのみやデジタルアーカイブ（https://archives.nishi.or.jp/04_entry.php?mkey=1675/，2023年1月5日取得）．

店の中は、中国や新疆ウイグル自治区、モンゴルなどの地図や、アジア各地から持ち帰った民芸品などの文物で溢れていた。浪人生活を入れると一九年間、香川の片田舎で育ち、外食はファミリーレストランかうどん屋か、あるいはファストフード店しか経験が無かった筆者には、かなり刺激的な空間であった。

友人たちと飲み、食べ、語らって外に出ると、路上に敷物を敷いてその上で自身の制作したアート作品を売る若者がいた。彼は芸大生だったと記憶しているので、内容は覚えていないが、彼と私は二言、三言会話を交わしたのだろう。彼は、針金を捻じ曲げたりしながら作った昆虫のオブジェのようなものを白い布を敷いた学童用の机の上に10個ほど並べていた。その少し先には、ストリートミュージシャンがギターを片手に自作の歌を熱唱していた。夜風に吹かれながらここは自由だ、と思った。

筆者が生まれ育ったのは、香川県高松市郊外の県営住宅であった。山裾の雑木林を切り開いて造成された土地に、大小二〇棟余りの鉄筋コンクリート造の集合住宅が立ち並んだ場所だ。こうした雑多で猥雑な街を体感するのは初めてだったので、当時の筆者には、なおさら新鮮に写ったのだろう。

## 2　震災と復興

### 1　遊歩者が減った学生街～自室に引きこもる学生たち

一九九五年一月一七日午前五時四六分。まどろみのなかで、ゴーッというものすごい地鳴りの音が聞こえた。次の瞬間筆者の体は一瞬宙に浮いた。そして激しく床に叩きつけられると、今度は猛烈に揺さぶられた。左右に揺さぶられるというよりは、円を描くように揺さぶられた。同時に天井から大量の土砂が降ってきて、それをまともに顔面に受けた。やがて揺れは収まった。幸い、二階建ての一階部分の部屋であったが、ともかく二階の下敷きになることは避けられた。

安心する間もなく、今度は猛烈な土埃の臭いが鼻腔の奥に入り込んできた。私は鼻と口を寝間着の袖で抑えながら、外へ出た。下宿の前の道は三分の一ほどが瓦礫で埋まっていた。それはわが下宿の屋根瓦であった。家の前には、大家のおばさんが駆けつけてくれていた。彼女と、まずは互いの無事を喜び合いながら、今後の過ごし方について話し合った。災害への備えなど全くしてこなかったところへの被災だったのは筆者だけではないだろう。関西は大地震とは無縁の地域と勝手に思い込んでいた者も多かった。

しかし、起こるはずのない大地震は起こってしまった。筆者は、それからの数日間を一人の被災者として、電気や水やガスといったライフラインがストップし、スーパーやコンビニといった流通網が完全に機能停止に陥った街で過ごした。大学は五月から再開されたが、その後の復興は意外に早かった印象がある。どんどんと新しい建物が建ち、道路が整えられていった。

筆者は、一九九五年の阪神淡路大震災から二〇二二年の現在に至るまでほぼ、同じ地域に暮らしている。したがって、震災で大きなダメージを受けた街が復興していく過程をそこに暮らしながら体感してきた。全壊した学生寮はもとより、一部損壊程度の学生寮も取り壊され、ワンルームマンションに変わっていった。

木造の建物が嫌われた理由は、阪神淡路大震災における死者の多くが建物の倒壊による圧死であったからだ。一階部分が潰れ、瓦屋根が地面に覆いかぶさっている無残な姿を目の当たりにすれば、積極的に瓦屋根が載った木造住居に住みたいとは思わなくなる。それは筆者も経験したことだ。

震災から二〇年以上経った今でも、被災地では木造建築物に対する「体感不安」を語る声を聞くことがある。震災後は、学生の親たちは、古い木造住宅に子どもを住まわせることに抵抗感を持ち、多少家賃が高くても「安心・安全」な鉄筋コンクリート造のワンルームマンションに住まわせることが増えた。木造建築物が一掃されて、震災復興後の下宿街は大きく様変わりした。

震災前後の学生街で大きく変わったことは、街を遊歩する学生の姿が減ったことである。もちろん家路につく学生や、コンビニに買い物に出かける学生の姿を見かけることはある。

街を歩く学生の姿が減った大きな理由は、下宿をする学生そのものが減ったということである。筆者が学生だった九〇年代であれば、奈良や京都、あるいは姫路といった通学に二時間近くかかる場所に実家がある学生の多くは下宿で一人暮しをしていた。しかし、最近ではそうした場所からも学生は下宿をせずに通学することが増えた。その理由は長引く景気の低迷によって保護者が下宿代を負担することが厳しくなっているからである。

とはいえ、数は減ったとはいえ、下宿している学生もいる。しかし、彼らの姿を通学のタイミング以外であまり見ることがなくなった。

先ほども述べたとおり、その理由は、キッチンや風呂を備えたワンルームマンションに暮らす学生が増えたためである。学生は風呂や食事のために、外を出歩く必要はなくなった。

学生寮は、生活のためのインフラの多くが共用であったため、何かにつけて部屋の外に出ていく必要があった。そのため、扉が開けっ放しになっている部屋も多く見られた。もちろん、防犯上は問題があるが、多くの学生が出入りすることによる衆人監視の状況が成立していたためだろうか、窃盗などのトラブルに遭ったという話を筆者は聞いたことがない。

阪神淡路大震災前に立ち並んでいた学生寮は学生の日常生活を柔らかに包み込む器であった。それを点とすれば、学生街は、いわば面としての生活世界であった。生活に必要なインフラは街に点在し、住人の学生はそれを求めて街を遊歩した。

しかし、そうした学生寮は、震災後の復興過程で、「安心・安全」というリスク回避の題目の下に、鉄筋コンクリート造のマンション建て替わった。学生と顔を突き合わせて生活をともにしていた大家は、マンションのオーナーとなり、学生の前から姿を消した。大家に代わって建物は管理会社によって管理されるようになった。時折、管理会社の社員がマンションの共用部分の清掃を行っている。エントランスにはオートロック分厚い扉が設置され、監視カメラが来訪者を常にチェックしている。こうしたマンションは内部で生活のほとんどすべてが完結する住宅であり、学生たちを街から切り離し、友人の家から遠ざけた。

店主の高齢化もあって、下宿街の飲食店は次々と閉店していった。その空きテナントに飲食店が入ることは少なくなった。しばらく「入居者募集」の張り紙が貼られたあとは、住居や、介護施設の事務所などとして利用されている。深夜〇時で閉店していたコンビニは二四時間営業となり、そこだけが煌々と灯りをともしつづけている。

生活世界であった民間の学生寮も、学生街もシステムによって合理化されていった。さまざまなリスクの想定とその回避という合目的的な建物と街は、学生の行動を変容させ、学生街の景観を大きく変えたのである。

## 2　市街地の復興

震災で破壊された阪神間の街は、その後の復興事業で急速に復興していく。しかし、その結果現れた空間は、震災前とは大きく異なるものであった。阪神淡路大震災からの復興において、盛んに唱和されていたものは「創造的復興」という掛け声であった。「創造的復興」なる言葉である。この「創造的復興」とはどのような復興だろうか。以下の言説を確認してみよう。

まず、復興の目標と理念である。〝禍い転じて福となす――〟の言葉が示すように、単に震災前の状況に戻すことではなく、二十一世紀を先取りした安全としてとして復興することである。もとより、生活、教育、文化、福祉、医療、産業、住宅等の復興もそれぞれ創造性ある復興でなければならない。（阪神・淡路大震災記念協会編 2005: 27）

創造的復興が掲げる「創造的」というタームには『過去のことは知ったことではない』という過去精算の含意がある」（宮崎 2017: 56）という指摘がある。「復興」には、「災害前よりも良くなる」という含意があることを鑑みれば、「創造的復興」が過去を積極的に忘却しながら、ひたすら未来に向かって突き進むことを宿命付けられていることは自明だ。

宮原浩二郎は、震災後数々の震災復興論が語られてきたが、それらの多くが「復興」という言葉が持つ意味を深く吟味することなく使っていることを指摘している。宮原は「復旧」がインフラの再生など意味が明確であることに対して、「復興」はその意味が極めて曖昧で多義的であることを指摘し、とりわけ「復興」という言葉が「災害前よりも良くなる」と認識されている点を問題視している。

「災害前より良くなる」ことは、ほとんどの場合、防災力の向上や被災者・被災地への心理的鼓舞をはるかにこえて、都市や地域全体の総合的開発・再開発が意味してきたからである。逆にいえば、「復興」＝「都市（地域の開発・再開発）」というイメージが政府・自治体や防災学界、さらにマスメディアを通じて国民一般のなかに沈殿している。そのために、「復興」＝「災害前より良くなる」というイメージが一般化したのではないだろうか。（宮原 2006: 9）

「復興」が大規模な都市開発として印象付けられたのは一九二三年の関東大震災における「帝都復興」であったという。その復興は首都の近代化と国家の軍事的・経済的強化を急ぐ政府の思惑と相まって開発・再開発志向の「復興」イメージが強化されていく。そしてそれは戦災復興へと、さらには高度経済成長へと持ち込まれたのである。そして、阪神淡路大震災である。ここにも復興は持ち込まれた。宮原は、震災を奇貨として、従来のまちと調和しない高層ビルを大量に建設し、しかも多くのオフィスや店舗が借り手のつかないまま放置されているという、フランケンシュタインのような再開発のどこに「復興」があるのかと論難した上で、次のような代替案を述べている。

まずは、さまざまな問題があるとはいえ、それなりの賑わいと活気を保っていた下町を、できるだけ早く元の状態に戻すことから始めるべきだったのではないか。行政や都市計画家の手になる派手な「復興」よりも、被災者住民の目線に立った「くらしの復旧」「まちの復旧」こそが大切なのではないか。（宮原 2006: 18）

ともかく、創造的復興によって阪神間の街は「よみがえった」。慣れ親しんだ西宮北口の駅前はどのように変わったか？　駅前の歩道は震災前のそれと比べ倍近くに広くなった。並行して走る車道は濃紺のアスファルトで舗装され、見通しが良く真っ直ぐに伸びている。電柱は撤去され、空を覆う電線も消えた。色とりどりの看板やポスターやチラシは視界から一掃された。これらの空間は震災前の猥雑さを捨て、清潔さを手に入れた。震災前にあった生活感あふれる市場と商店街は明るい照明と快適な空調が効いたショッピングモールへと生まれ変わった。薄暗い商店街も、怪しげなバーも、芸大生もミュージシャンも消えた場所は「きれい」になった。「きれい」になった空間は商業的には成功した(1)。

グリッド状に区画された土地にはタワーマンションがそびえ建ち、広々とした公開空地が設けられている（写真2-3、2-4）。それらのマンションは一億円を超えるような部屋を有する高級タワーマンションである。こうした高級タワーマンションが林立する背景には、何があるのか。もともと、西宮北口は、阪急電鉄が開発した西宮七園と呼ばれる住宅地の一つである昭和園・甲風園を中心に、富裕層に好まれた閑静な住宅街ではあった。いまでも、その名残は一部で残っているが、広い敷地を持った富裕層の邸宅は次々と姿を消し、跡地は「ミニ開発」されて小さな建売住宅が建っている。

震災前の西宮北口は閑静な住宅地という印象であり、野球場以外は外部の人を惹きつける要素はなかった。つまり外部からの西宮北口へのアクセスは限定されたものだった。しかし、西宮北口を起点

写真２-３　市場の跡地に建てられたモールとマンション（写真２-２と同一アングル）
出所）筆者撮影.

写真２-４　ペデストリアンデッキと駅前高層マンション
出所）筆者撮影.

とした交通の便を考えれば、そこが極めて利便性の高い土地であることがわかる。大阪（梅田）にも神戸（三宮）からほぼ等距離で、どちらも一五分程度という短時間で到達が可能である。そこに巨大なショッピングモールを作れば、大阪からも神戸からも集客が大いに見込めることは明らかだ。さらに、そこにスーパーや生活雑貨の店を誘致し、高層マンションを建設すれば、住宅地として相当の人気が出るであろうことは想像に難くない。西宮北口はそうした「戦略」が奏功し、関西圏では一、二を争う人気の住宅地となって現在に至っている。一億円を超えるような部屋であっても、住みたいと思う住民は少なくないのだ。こうした人気の住宅地という指標に憧れて移住してくる住人はどのような人びとであると言えるのか。多摩ニュータウンの事例であるが、内田隆三の語りを参照してみたい。

人びとはそれぞれの快適性のスタンダードで生活空間を買い、消費しているのであって土地に帰属する住民でもなければ、必ずしも永住を志向しているわけではない。住民は資力と機会さえあれば、よりグレードの高い場所や住宅に移り住むようになる。場合によってはニュータウンへの居住は都心に近い二三区内に移動するための一時的なステップとして意識されている。（内田 2002: 371）

内田隆三は郊外ニュータウンについて論じた論考の中で、「ニュータウンの新たな展開のなかで、土地を基盤とする『共通の場』は不在となり、消費のモードを基盤とし、メディアに媒介された、流動的な記号の空間が形成されていく。内田はこうした空間をミシェル・フーコーにならって「混在郷」（ヘテロトピア）と呼んでいる。

また、新しい郊外はもはや都心に通うサラリーマンに、『小さな家郷』への〈定住〉を保証する場というよりも、むしろ『快適な空間』を〈消費〉するように促される場に移行している」（ibid: 363）と述べているが、こうした指摘は、震災後の西宮北口（あるいは阪神間の多くの都市）にそのまま当てはまる。

### 3　ゲーテッドコミュニティとしてのタワーマンション

アメリカにはゲーテッドコミュニティという富裕層向けの街区が人気を博している。住宅街区を高いフェンスや壁で区切り、セキュリティーゲートに警備員を配置し、出入りする人間がコントロールされる場所である。日本にはそうしたタイプのゲーテッドコミュニティは極めて少ないが、タワーマンションがゲーテッドコミュニティと言えるのではないか、という指摘がある。

超高層マンションは外界から隔絶した〝要塞心理〟を体現するのはもちろん、充実したアメニティ施設によるライフスタイル型や、外界を睥睨するかのようなステイタスを誇示する威信型の要素を併せ持った、まさに究極のゲーテッドコミュニティであるとさえいえるのだ。（竹井 2005: 95）

筆者も「高層マンションこそが日本におけるゲーテッドコミュニティである」という竹井の主張に首肯する。ここ数年、大阪や神戸の中心部に、需要が低調なオフィスビルに変わって続々と天を衝くような高層タワーマンションが建設され、都心の景観を変えてしまっている。毎日のように目にするそれらを、部外者が絶対に立ち入れない最新のセキュリティシステムで守られた塔であると意識して見ている者は少ないかもしれない。

都心の便利な場所に住みたいというニーズの高まりに加え、建築技術の高度化、さらに一九九七年の改正建築基準法によって設立された「高層住居誘導地区[2]」の設定なども追い風となり一部には四〇階を超えるようなタワーマンションも建つようになった。

筆者が大学院生時代にフィールドワークをしていた神戸市東灘区御影地区に、二〇一〇年三月に竣工したタワーマンションがある。四七階建て一七〇ｍの「威容」は中高層住宅があまりない周辺環境から突出している。このマンションは最新のセキュリティシステムを装備している。日中はマンションの管理員が常駐し、夜間は警備会社のガードマンによる二四時間の有人管理サービスが付属する。また非接触型ＩＣカードによる認証システムを採用している。専用の非接触型ＩＣカードにより、建物エントランスドアの解錠、エレベーター呼び出しボタン操作の許可が行え、住戸玄関においては、リバーシブルディンプルキー[3]で解錠するようになっている。加えて、エントランスやエレベーター内、駐車場、駐輪場など、内部の共用スペースを二四時間監視する監視カメラが目を光らせ、駐車場はロボットゲートによって部外者をシャットアウトする。これ以外にも数々のセキュリティシステムが設置されているのだ。これら数々の最新セキュリティシステムは物理的に部外者の侵入を阻止するという目的よりも、むしろ居住者（居住希望者）の体感治安を担保するために存在すると述べても過言ではあるまい。

銃社会であるアメリカであれば、ゲーテッドコミュニティを取り囲む「塀」は保安の確保という住民の強い同意を基礎にして構築されている。しかしながら、日本のタワーマンションに実装された高いレベルのセキュリティシステムは住民の同意によるものではなく供給サイドの商業目的によるセキュリティの担保の結果である場合もあるのではないか。供給業者が住民の不安を煽り、体感治安の悪化をヘッジするために数々の高価なセキュリティオプションの付いた住居を選択させようとする思惑が透けて見える。セキュリティが市場によって供給されることによって次々と不安が惹起され、さらにセキュリティが要請されていくロサンゼルスの事例をマイク・デイヴィスは以下のように指摘する。

第一に市場が「セキュリティ」を供給することによって、セキュリティのパラノイア的需要が生れる。「セキュリティ」は状況依存の財となり、その価格は、民間のさまざまな「警備サービス」や、堅固に守られた飛び地型住宅地や立ち入り制限付き郊外住宅地の会員権を入手するための収入の多寡によって決定される。威信の象徴として、そして時にはたんに不自由のない生活を送っている者と、本当の金持ちとをはっきり隔てる境界線として、「セキュリティ」は個人の安全というより、住宅環境、職業環境、消費環境、そして旅行環境において、個人が「不道徳な」集団や個人、あるいは一般に群衆から隔離されることに関わりがあるのだ。(Davis 1990＝2001: 189–190)

デイヴィスが指摘するように、「本場」のアメリカでさえ、セキュリティは安全の担保という本来の目的から乖離している場合があるのである。日本におけるゲーテッドコミュニティ＝高層マンションもまた、セキュリティは住民の同意によるものではなく供給サイドの商業目的による保安の担保の結果である場合が多いと考えられる。セキュリティをパッケージとして商品化し、物件に付属させることによって市場価値をあげようという意図が明確に看取できるのである。

## 3　都市に居場所はあるのか？

### 1　オープンスペースが増え居場所が減った

ここまで、筆者の体感を元に、阪神淡路大震災以前の様子を、復興後の街の様子について外観してきた。その中心的な問題意識は都市の居場所とコミュニティである。筆者が学生時代を過ごした下宿街は、街と大学そのものが居場所であった。

震災からの都市の再建にあたって最優先されたのは、徹底したリスクの回避である。安心安全という錦の御旗の下、木造の建物は一掃され、鉄筋コンクリート造の高層マンションに建て替わった。車道は拡幅され、遊具の少ない殺風景な公園が設置された。

復興過程で建設されたショッピングモールや拡幅された街路、公園等は防災計画上、重要な施設である。しかし、そうした施設の整備は、そこに暮らす人びとの日々の生活の質を上げたと言えるだろうか。

都市社会学者のルイス・マンフォードは、大都市に人口が集中するにつれてオープンスペースの衛生的・生物学的必要性が強調されるようになったという。「公園は、都市環境を構成する一部分としてではなく、避難所として、騒音と混雑、塵埃にまみれた都市の巣箱と対照的であることを主たる価値とするものとして捉えられる」(Mumford 1963＝2006: 310) と述べ、都市計画において、オープンスペースは単なる帳尻合わせ、あるいは劣悪な都市環境の換気口として設置され、そこは使用価値を全く期待されていない場所だったことを明らかにしている。

さらに、そうした「オープンスペース」がむしろ、地域社会を分断していくことが、古典的都市研究からも明らかになっている。作家・ジャーナリストのジェイン・ジェイコブスは近隣公園や公開されている空地（オープンスペース）について以下のように述べている。

正統派都市計画では、近隣の空地（オープンスペース）は驚くほど無批判な形で崇拝されています。（中略）何のために空地（オープンスペース）を増やすのでしょう？　強盗のため？　建物の間の寒々とした空隙？　それとも一般人が利用して楽しむため？　でも人々は、それがそこにあるというだけでは都市の中の空地（オープンスペース）を使ったりはしないし、都市計画家やデザイナーが使ってほしいと思ったからといってそこを使ったりしません。（Jacobs 1961＝2010: 110）

ジェイコブスのこの手厳しい指摘を、震災からの迅速な復興を余儀なくされた阪神間の都市に当てはめるのも酷であるが、現在の一般的な都市計画に向けられた批判として読むことも可能である。ジェイコブスは、オープンスペースという空間が、人びとを結びつけ、癒やしや安らぎを与える場として機能していないばかりか、人びとを分断していく契機を孕んだネガティブな作用を持つこともあるという事実を経験的に示している。ただ、郊外の住宅地に行けば、こうした公共空間がそもそも存在していないという、ベンジャミン・R・バーバーの以下のような指摘も参考になる。

現在、私達の半分以上が、隣人関係どころか、市民センターや歩道といった明らかに公共的な空間のまったくない郊外の造成地に、あるいは公共的な空間はあってもしばしば不快で安全でない都市の中心部に住んでいるので、私達はますます正規の、そして打ち解けた集会の場がすくなくなってきている。（Barber 1998＝2007）

具体的な場所の重要性については、近年その重要性が指摘されはじめている。序章でも触れように、エリック・クリネンバーグは、図書館や学校、公園といった公共施設や、市民農園などの緑地などといった、物理的な空間としての社会的インフラの重要性を説いている。

## 2　ショッピングモールへの疎外

震災によって、西宮北口周辺は大きく変容した。もっとも大きく変わったのは阪急西宮ガーデンズという巨大ショッピングモールが誕生したことである。二〇〇八年にオープンした西宮ガーデンズは、約七万㎡という広大な敷地に立地し、約二七〇の店舗を有する西日本最大級のショッピングモールである。(4) 西宮北口駅からはペデストリアンデッキを介して直結されているので、西宮ガーデンズまでは雨に濡れることもなく快適に移動できる。大阪や神戸方面から関西学院大学に通学する場合、西宮北口で宝塚方面へ向かう電車に乗り換える必要があり、必ず一旦は通過する駅である。しかし、駅で降りて西宮北口の街で買い物や飲食をしたことがある学生が意外に少ないのである。その代わり彼らはペデストリアンデッキで駅と直結されている西宮ガーデンズにはよく行っている。地方ではこうした動きはもっと顕著になる。イオンモールに代表されるショッピングモールは、地方に住む若者を引きつけている。

バーバーはアメリカにおける公共的な空間の欠如が、人びとをモールへと追いやっているとして、以下のように述べている。

> ニュージャージーにおいては、共通に使用できる公共的な空間は、購買を刺激、助長し、実際のところ消費を生活習慣とするために構想されたショッピングモールなのである。(Barber 1998＝2007: 111)

バーバーの議論は、公共空間が機能不全を起こしているため、モールしか行く場所が無い、モールが公共空間となっている、という絶望的な状況への警鐘である。バーバーは「商業重視のショッピングモールは、多元的に使用し、真の公共的な空間として改装する」(Barber 1998＝2007: 109) ことを提案している。もはや街の中に公共的な空間を整備するよりも、既存のモールの中に公共空間を整えていくほうが現実的ではないかという思考に基づいている。

日本でも公共空間から疎外された人びと(あるいは他に行くべき魅力的な場所が見つからない人びと)が、モールへと流れ込んでいくという現実がある。多くの社会学者は、ショッピングモールを人びとの受け皿としてふさわしいものとはみなしていない。社会学者は常にショッピングモールに批判の矛先を向けてきた。その理由の一つは、ショッピングモールが、ジル・ドゥルーズのいう環境管理型権力が作動する抑圧的な空間であるという点だ。

阿部潔は監視社会論の観点からショッピングモールのカフェテリアに注目している。ショッピングモールのカフェテリアは、構造的に必要な柱を除いて、視線を遮るような間仕切り壁などが設置されていない、広大で解放的な空間である。それは裏を返せば「開放感を感じさせるオープンスペースは、同時に防犯カメラのまなざしが張りめぐらされた監視スペースでもある」（阿部 2006: 21）ということである。とはいえ、カフェテリアで食事を楽しむ人びとは、こうした状況からプレッシャーを感じることはない。自ら進んでそこに身体を委ね、理想的なショッピングモール・カフェテリアの客となる。なぜならそこには、環境管理型権力が働いているからである。それはフーコーのいう規律訓練型の権力のように、自らを律していくことで近代的主体としての自己を形作っていくのではない。それは「個人の『自由』を尊重しながら、同時に『自由な個人』の行動をデータとして補足していくメカニズム」（阿部 2006: 27）である。

もう一つの批判の論点は、ショッピングモールが、人びとを消費者という管理され、限定された主体に矮小化し、資本によって容易にコントロールされる「動物化」した客体へと馴致していく装置であることを批判する立場だ。ジグムント・バウマンもショッピングモールをジョージ・リッツアに倣って消費の殿堂と呼称しつつ、そこに集う人びとの特徴について以下のように述べている。

「消費の殿堂」を埋め尽くす人々は、会衆ではなく群衆であり、軍隊でなく群れであり、有機的全体でなくたんなる総数である。（中略）混在した場所では避けられない出会いは、目的にとっての障害でしかない。出会いは短く、表面的でなければならない。関係は出会った者の望み以上に、浅くてもいけないし、深くてもいけない。やかまし屋、消費者や買い物客のすばらしい隔離状況に鑑賞するでしゃばりから適切に管理され、厳しく監視され、厳重に警備された消費の殿堂は、物乞い、浮浪者、ストーカーといった人間とは無縁の、秩序の離れ小島であるか、少なくとも、そうあることが想定され、期待される場所である。人々がこうした場所に足をはこぶのは、会話を楽しみたいからでも、つきあいを楽しみたいからでもない。（Bauman 2000＝2001: 128）

しかし、これだけ普及し、年々「進化」を続けているショッピングモールは、もはや人びとにとって必要なインフラであり、ラディカルな立場から批判の矛先を向けるよりも、その良さや利点を積極的に評価していこう、という議論も出てきている。東浩紀は下町の商店街と対比されてモールに投げつけられる批判を、反転させて以下のように述べている。

商店街の「顔が見える関係」が老人や障害者にやさしいと言われていますよね。でも逆にそれは、子育て世代やニートには、キツい環境なのではないのか。そういう疑問が出発点にあります。ファミレスやコンビニ、ショッピングモールのような商業施設のほうがはるかに便利だろうと。（東・大山 2016: 19）

さらに、東は毛利嘉孝の議論を批判的に参照しながら、ショッピングモールの可能性について次のように語っている。

ショッピングモールにはどんな可能性があるのか。思想用語で整理すると、ポイントは三点かなと思います。「新しいコミュニティ」「新しい開放性」「新しい普遍性」です。コミュニティについては、郊外やネットといった「現代的なコミュニティ」と、駅前商店街に代表されるようなおじいちゃん、おばあちゃんの「顔が見えるコミュニティ」との対立が重要です。コミュニティというと前者だけが問題視されるけど、それでいいのか。開放性については、監視カメラに囲まれ空調も整っている「セキュリティ」の空間と、だれも管理しておらずホームレスも入れるようなアナーキーな空間のどちらが本当に「解放的」なのか、あるいはだれにとって開放的なのかという問題。最後に普遍性というのは、グローバル化がつくり出した世界中でどこでも同じようなサービスが受けられる現状を、新しい普遍性として捉えられないかという論点。思えばショッピングモールというのは、人びとが政治も文化も宗教も教諭言うしないまま、互いに調和的に振る舞い、なにかを共有しているかのような気になれる空間です。(ibid: 21–22)

東の論点は、これまで社会学者が非難してきた論点を問い直すものであり、社会学者が批判してきた点を反転させたものである。つまり、モールの空間を全肯定するわけではないが、否定せず何が可能なのか、といったことを積極的に発見し、利点をきちんと評価していくことが重要であると述べる。こうした建設的な議論については、筆者もある程度は同調する。たとえば、鹿児島の老舗百貨店を大規模にリノベーションした「マルヤガーデンズ」の事例はモールの中に居場所を作っていくという好例であろう。あまりポジティブに描かれてはいないが、地方の若者にとってイオンモールのようなショッピングモールが重要な居場所になっている、という指摘がある。地方に暮らす若者のインタビュー調査を長年実施してきた阿部真大は地方の若者にとってのモールを次のように定義している。

イオンモールとは、地方の若者にとって何か。それは「ほどほどの楽しみ」を与えてくれる「ほどほどパラダイス」である。大都市のような刺激的で未知の楽しみがあるわけではないが、家のまわりほど退屈なわけではない、安心してほどほどに楽しめる場所。それが、多くの若者を捉えて離さないイオンモールの正体である。（阿部 2013: 33）

たしかに、筆者の地元にある西宮ガーデンズに出かけると、かつては、休憩コーナーなどをうまく利用して高校生たちが課題や勉強をしている姿をよく見かけた。そこを利用するのは特に商品の注文が必要であったりするわけでもないため、無料の居場所・自習室として使える。ところが、最近、大勢の高校生で賑わっていたこの場所も、原則有料のカフェテリアの延長上にある場所として囲い込まれ、以前のように高校生らが気軽に利用できる雰囲気では無くなった（写真2－5、2－6）。

写真２-５　囲いこまれたフリースペース
（正面）
出所）筆者撮影.

写真２-６　囲いこまれたフリースペース
（側面）
出所）筆者撮影.

ショッピングモールは建設と運営に莫大な資金が投入されているため、常にその資金の回収圧力に晒されている。したがって、収益を産まない空間は徹底して否定されるのである。ショッピングモールが居場所化している事実はあるだろうが、居座れる場所は、カフェテリアやゲームセンターなど一部に限られるし、そこは当然有料である。毎日、放課後にそこを訪れるようでは小遣いがいくらあっても足りないだろう。

モールを消費だけの空間ではなく、公共空間としてアップデートするための、ひとつの方向性としては、バーバーの主張するようなショッピングモールに公共的な施設を設置していくことである。具体的な施設としては、図書館や行政機関の窓口、保育所などが考えられる。

本書における筆者の見解はショッピングモールに対しては否定でも肯定でもなく、公的空間に居場所が無いことが問題だというバーバーの議論と同調するものである。つまり、二〇〇〇年代の都市論で見られたような、雑多で多様な都市を称揚し、高度にシステム化され合理性や、安心・安全が追求された都市空間やショッピングモールを糾弾するというものではない。

## 4　住宅への疎外

### 1　社会のストレスを家で癒やす

祐成保志は〈住宅への疎外〉について、「私たちは往々にして住宅にかかわる問題を住宅の改良によって解決しようとし、そしてその行為はたまたま住宅に表れているだけかもしれない問題を別の場所につなぐ経路を遮断してしまう」（祐成 2008）ことであると述べている。

これはコモンズの創造をテーマに据えている本書の問題関心とも響き合う重要な指摘である。本書において検討したいのは、公的空間が機能不全を起こすことによって、人びとを公的空間から追い出し、家の中へと退却させているのではないか、という問いである。その結果、住宅への過度な期待と、住宅への引きこもりが生じているのではないか。

ここではまず、アメリカにおける〈住宅への疎外〉についてみていきたい。オルデンバーグはアメリカの世論が以下のような風潮に傾いていることを指摘する。

世論は、「ストレスの原因は社会にあるが、その治療は個人で対処するもの」という見解に傾いている。（中略）人は外の世界で「病気になり」、家に引きこもることで「治る」という見解に、わたしたちは危険なまでに近づいている。だから、ドイツ人がビアガルデンの熱烈な仲間に混じってくつろいだり、フランス人がにぎやかな小さいビストロで元気を取り戻している一方で、アメリカ人はマッサージや瞑想、ジョギング、入浴に頼るか、小説の世界に逃げ込む。よその国では人びとは人づきあいの自由をフル活用しているのに、わたしたちアメリカ人は、人とつきあわない自由を賛美する。（Oldenburg 1999＝2013: 51）

日本においても、家の外で被った精神的・肉体的なストレスを、自宅に帰り個人で癒やす、という習慣は広く市民権を得ているように思われる。とりわけ、コロナ禍という特殊な状況において、そうした習慣が加速した。「おうち時間」という言葉が流行し、自宅で過ごす時間をいっそう豊かにするための方法を人びとは模索した。ＳＮＳや動画で「おうち時間」を充実させるノウハウや商品が共有される状況がみられるようになった。

ただ、オルデンバーグがここで述べているような状況はアメリカ固有の住宅事情を押さえておく必要がある。アメリカでは、広大な国土を活かした宅地開発によって郊外住宅地が旺盛に開発され、そこに建設された庭付きの広い住宅を購入することが、いわゆるアメリカン・ウェイ・オブ・ライフにおいて達成すべき一つの目標とされてきたのだ。それについてオルデンバーグは、ドロレス・ハイデンの議論を参照しながら以下のように語っている。

アメリカ人は理想都市の代わりに「夢の住宅」という幻想を抱いたのだ。これまで以上に活気が失せた地域の、これまで以上に広い敷地の、これまで以上に大きな家を購入することは、コミュニティへの参加ではなく、むしろコミュニティからの逃避を意味する。公共の環境から礼節や快適さが失われれば失われるほど、人びとは自分の私有地を頼りにするようになる。さらには自分の住宅が十分に広く、十分に楽しく、十分に心地よく、十分に立派でありさえすれば（中略）それがコミュニティの代わりになると思っているふしがある。（ibid: 46）

郊外に立派な一戸建て住宅を建て、そこにお気に入りの家具や最新の家電を揃えていくことで、私的空間を充実させていくことは、裏を返せば地域社会、コミュニティに背を向け、そこから逃避することであったのだ。こうした状況は、アメリカの家庭向けの様々なサービス産業や娯楽産業を成長させた。古くは電話一本でピザを宅配してくれる宅配ピザのサービスから、現代ではネット通販で世界を席巻するAmazon社、世界最大の動画配信サービス会社であるNetflix社がその典型であろう。こうした事例はアメリカにのみ典型的に見られるものなのだろうか。日本においても似たような状況が生じているのではないか。次節において、日本における〈住宅への疎外〉について考えていきたい。

## 2　日本における〈住宅への疎外〉をめぐる状況

それでは、日本における〈住宅への疎外〉はどのような状況であったのだろうか。

アメリカでは、中流世帯が多く暮らす郊外住宅において〈住宅への疎外〉が進んでいったが、日本では、団地等の集合住宅を舞台に〈住宅への疎外〉が進んでいった。第1章でみたように、日本の集合住宅の基本ユニットは51C型という団地の標準設計から派生したnLDKという平面計画《プラン》間取りである。これは、都市に住まう賃労働者の住宅として設計されている。それは、労働力の再生産という役割を果たすことを最優先にしつつ、極限まで面積と機能を絞り込んだプランである。そうした51C型に見られる公団住宅標準設計の設計思想において重視されたのは、夫婦の寝室を中心に据えた家族の私生活であった。

一九五一年に公営住宅法が施行され、一九五五年には日本住宅公団が設立され、全国に公営の集合住宅が建てられていった。建築家の山本理顕は、こうした住宅が大きな人気を博した要因について、これらの住宅が労働者にとっては、プライバシーを守ってくれるという点であったと語っている。

新しく生まれた都市住人はこの「一住宅＝一家族」システムによる公共住宅に飛びつきました。何より、家族のプライバシーが確保できることが大好評だったのです。それまでの多世代が同居する木造の家に暮らしていた人たちのことを思えば当然です。家族のプライバシーとは何かというと、家族だけの私生活です。その私生活の中心は現実的で具体的な性行為の場所です。夫婦の寝室です。従来の住まいでは、そこにたとえ夫婦の部屋があったとしても、間仕切りは襖や障子でした。物音も筒抜けで、性行為のための秘めやかな場所などほとんど確保できませんでした。それが四方をコンクリートで囲まれ、鉄の扉で仕切られた住宅が登場したわけですから、それは若い夫婦（若くなくても）にとっては夢の住宅と言えるものだったのです。（山本・仲 2018）

日本においては、特に郊外団地・郊外住宅を中心に〈住宅への疎外〉が進んでいったと言える。宮台真司は「団地化は、（1）地域共同体の崩壊、（2）家族への内閉化、という互いに結びついた二側面を有していた」（宮台 1997: 137）と指摘しつつ、家族への内閉化は、家事だけではなく育児や介護、教育などの負担が夫の留守を守る専業主婦への負担転嫁として進んでいったと述べる[5]。

内田隆三は、一九六〇年代から全国で開発が始まった大規模なニュータウンにおける住宅の特異性について『国土論』の中で、消費社会論・身体論の見地から精緻な分析を行っている。内田は、郊外ニュータウンは「性愛の結合をベースとする『家庭』を育成し、支えるようなシステムになっている」(内田 2002: 372) という。そのメカニズムは、nLDKの設計思想の基盤にある近代の産業構造と、そこに組み込まれた賃労働者のための合理的な住まい方の延長線上にあり、さらにそれを徹底したものである。内田はニュータウンの住宅について、以下のように述べている。

労働は性的な役割分業の体系を媒介にして産業システムのほうに吸収されていく。ニュータウンでは、労働社会性から分離した微小な性愛の形象がほぼ純粋なかたちで、しかもある種の同型性において規格化され、大量に積分されている。その小さな形象は衛生や清潔、健康、精神の健全性にかかわる規範に支配されており、身体の正常さをまなざす視線によって監視されている。(ibid: 373)

内田は、ニュータウンの住宅について、そこが性愛の空間として純化していくと述べる。そしてこうした空間には「性愛の小さな巣箱（家庭）にまとわりつき、その巣箱＝カプセルを内閉化し、できるかぎり快適なモノでみたすように仕向ける政治学」(ibid: 373) が作用しており、その内部の空間は、そこに専業主婦として在宅していることが多かった女性＝主婦の趣味・テイストで彩られることが多かった。建築家の宮脇檀はグラビア雑誌で見た作家の野坂昭如の自宅が、唐草模様の壁紙、花模様のふわふわとしたクッションのあるソファ、脚付きの鳥かご、窓にかけられたレースのカーテン等の「女性らしい」アイテムで彩られていたことに驚いたと書き記している。

> 電話機にカバーがかかっている、台所と食堂の間がアーチになっている珠すだれがかかっている、不思議な模様の敷ものが玄関に敷いてあり、壁紙が全部ビニールの唐草であったり、プラスチックのシャンデリアがぶら下がっていたり、和風の蛍光灯だったり、何か趣味が女々しい。（宮脇 1998: 53）

「男らしい風貌と言動」で知られた野坂の家でさえ、その自宅は「男性性」とは程遠いものであった。こうした状況を敷衍して、宮脇は一般的な住宅も女性的な趣味に支配された女性の空間として存在していると述べている。その後、都市住宅は自宅の留守を守る専業主婦の閉じた空間となっていくのである。日本の場合も、アメリカと異なるかたちで住宅への疎外が進んでいったのである。西川祐子はこうした状況が「あげくに男性には家庭からの疎外感、女性には社会からの疎外感と家庭という檻に入れられた閉塞感が生じるのは当然のことだろう」（西川 2004: 16）と述べている。

## 3　プライバシーをめぐる議論

こうした〈住宅への疎外〉について考えるとき、議論の俎上に載せる必要があるのがプライバシーという概念である。鉄の扉で外界からシャットダウンされた団地も、ブロック塀で周囲を固められた戸建住宅も、その防備は家族や個人のプライバシーを守るため、という了解は広く共有されているだろう。家族が暮らす住宅は地域社会からプライバシーを盾に隔離される。そして、家族もメンバーのそれぞれが住宅の中で自室に隔離される。そこでもプライバシーが前景化される。ところが、日本の伝統的な住宅には部屋、個室という概念はほとんど無かった（横山 2009）。

伝統的な日本家屋を訪れればすぐにわかることであるが、そうした住宅の内部は襖や障子といった軽い素材の建具でゆるやかに分節されているものの、それらはいつでも開放でき、フルオープンにするとすべての部屋が一つに連結される構造になっている。プライバシーを保ちたい場合は、襖や障子を閉じるか、衝立などを活用する。プライバシーを確保するために部屋に閉じこもるという概念がそもそもの存在しなかった。かつて「部屋住み」といえば、家督を継げないが分家も出来ない状態の次男、三男のことを指したように、むしろ部屋という用語にはネガティブな含意があった。

中世ヨーロッパにおいても、住宅の内部におけるプライバシーという概念は希薄であった。イーフー・トゥアンによれば、最も私的な空間である寝室も、中世ヨーロッパでは他人と共有されることが多かったという。

他人と寝室を共にするのは、現代人にとって気分の悪いことである。しかし昔の人々は、高貴な人であっても卑しい人であっても、睡眠に別々の部屋が必要であるとは感じていなかった。中世

をさかのぼればさかのぼるほど、人々が個別には寝ていなかったことがわかる。（Tuan 1982＝1993: 105）

トゥアンの著した『個人空間の誕生』を読めば、中世ヨーロッパ（パリ）においては家族内のプライバシーが希薄だっただけではなく、他の家族との間においてもプライバシーは希薄だったことを伺い知ることができる。

パリでは、同じ建物に数家族が住むことはかなりありふれたことであった。家主や主要な借家人は、多少は用途別になっている一階と二階の部屋をひとそろいすべて使い、ほかの借家人は残りの部屋に詰め込まれたのだ。家族は同じ階の一つか二つの部屋に住んでいたようであり、人数が増えたときには、ほかの階の部屋を借りることがあった。その結果、生活空間は複数の階へと広がり、分断されたほかの家族集団の生活空間とからみ合うようになっていったのである。この状況下では、家族にはほとんどプライヴァシーがなかった。個人のプライヴァシーを確保するのはいっそう難しかった。なぜなら、二、三の部屋にあまりに多くの人が詰め込まれていたからである。（ibid: 93）

## 5 まとめ——二〇二二年の下宿街から——

ここまで確認したように、日本におけるこの三〇年近い都市をめぐる動向は、公的な空間が安全安心という響きの良い掛け声の下で、その寛容さを失っていくプロセスであった。公的な空間として、本書で言及したのは、広場や大きな公園といった都市施設ではなく、大学のグラウンドや、キャンパス内の通り、市場や路地などである。それらは公的な空間として人びとを迎え入れるように出来ているわけではなかったが、学生や若者たちが、そこを自由に使いこなすことを妨げない寛容さがあった。学生はキャンパスの通りや裏庭を活用し、居場所とした。若者は夜のストリートを「間借り」し、即席のライブ会場や展示場とした。そこを遊歩する者は、ときに歌声を聴くオーディエンスになり、ときに美術作品を鑑賞する批評家となった。

下宿という自宅も寛容さで溢れていた。多くの下宿生の自宅は一年中「住み開き」の状況であった。主の居ない部屋でギターを弾いたり、ゲームをしたりした。街の定食屋は自宅の台所の延長であり、格安の金額でお腹いっぱい食べられた。金を払って予約をしなくてもグラウンドでサッカーが出来た。

しかし、筆者の暮らした街は、阪神淡路大震災からの復興過程でこうした寛容さを失っていった。大学もそれに同調するように、セキュリティレベルを上げた。比較的自由に入ることができたキャンパスはセキュリティーゲートで閉ざされた。昼間から制服を着た警備員が闊歩し、招かれざる客を排除する。学生の居場所であった「ボックス」は撤去され、政治的スローガンを掲げた立て看板（タテカン）も撤去された。

下宿街を歩く学生が目に見えて減ったのはこの一〇年くらいである。昔から運営を続ける下宿の多くは姿を消し、そこがワンルームマンションに建て替わったのはすでに指摘した通りだ。ワンルームマンションには小さいながらも全てが揃う。風呂もキッチンもある。狭いながらも快適な自宅の中でとりあえず充足した生活を送ることができるのである。

一方、大学内の非公式な居場所を追い出された学生はどこにいったのか？　大学にはラーニング・コモンズと称される多目的に使用できる部屋が複数設置された。清潔で広々とした明るく開放的な部屋である。そこには大きなモニターを備えた会議室があり、用途と人数に応じた様々なブースが用意されている。グループワークやファシリテーションを題材とした書籍もたくさん置かれている。管理人が常駐し、何かあれば相談に乗ってくれる。空調も効いて、明るく清潔な空間である。仲間とワイワイ勉強したり研究したりすることも出来る。しかし、時間が来れば容赦なく追い出されるし、ルールも厳しい。学生自らが作り上げていく場所、というコンセプトはそこにはない。空間と管理人に従属した活動を余儀なくされる。この場所ははたして、本当にコモンズなのか。次章では本書の考えるコモンズについて核心的な議論を展開していきたい。

注

（1） 筆者は猥雑な雰囲気の街が好きだったが、それが苦手な人も多いだろう。筆者も、明るく清潔な都市のあり方を全否定するものではない。しかし都市の猥雑な雰囲気が失われたこと、そのものではなく、それが都市の寛容さの現れであったことが重要である。つまり、都市が寛容さを失ったことが問題なのである。

（2） 都市における居住機能の適正な配置を図るため、高層住宅の建設を誘導すべき地区を都市計画に位置づけ、容積率制限、斜線制限を緩和、日影規制を適用除外している。

（3） 複製しにくく、ピッキング対策に有効だとされるシリンダー錠。

（4） 西宮ガーデンズ公式サイト（https://nishinomiya-gardens.com/about、二〇二三年二月九日取得）より。

（5） 宮台真司は、一九八〇年代半ば以降、地域共同体と家族共同体の崩壊が、一部の若者を特有の行動に走らせたと述べ、彼らが「逃避」していった先を家庭、学校、地域社会に次ぐ第四空間と呼んでいる。こうした議論が浮き彫りにするのは第四空間への疎外ともいえる状況であるが、同様の状況は、現在では新宿歌舞伎町界隈に集まる「トー横キッズ」などは、スマホによって第四空間にたどり着いた者たちであるといえるだろう。

# 第3章 コモンズへの権利

## 1 高まるコモンズへの期待

### 1 私的空間、公的空間からの疎外

ここまで、大きく分けて二つの、背景となる議論を展開してきた。一つ目は、住宅が機能不全を起こしていることによる「住宅からの疎外」である。nLDKという住宅の機能不全については、建築家がそれを乗り越えようとして、様々なプランを提出してきたし、上野千鶴子をはじめとする社会学者も批判の俎上に上げてきた。しかし、そうした批判は一部の識者の間で共有されるにとどまり、社会的な広がりとはなってこなかった。しかし、二〇二〇年初頭から巻き起こった新型コロナウイルス感染症の爆発的な広がりという未曾有の驚異によって、住宅が働く場所、療養する場所、そして介護する場所として全く機能しないという事実を、多くの人々が経験した。戦後から連綿と踏襲されてき

たnLDKタイプの住宅は、在宅ワークや感染症に罹患した病人の自宅療養において大きな困難を伴うことが明らかになったのである。

二つ目は〈住宅への疎外〉である。〈住宅への疎外〉は二つの位相を持つ。一つは私的空間への過度な期待と、それによって生じる住宅への内閉である。もう一つが、そうした事態を後押しする、公的空間の限界である。第2章では、ドラスティックに進行する公的空間の閉塞の過程を描くために、阪神淡路大震災からの復興事業によって大きく変化した阪神間の街並みを筆者自身の経験を交えて描写した。

このように、住居=私的空間と公的空間の限界が、人々の居場所を奪っていくのである。こうした閉塞した状況においては、公と私の中間、つまり共的なものの活性化、つまりコモンズの活性化が、待望されるようになってくる。

上記のような状況にあって、近年はコモンズに対する注目が高まっている。建築設計・計画分野においても、(コモンズという用語を使っている作品はまだ少ないが)コモンズが一つのキーワードとして存在感を増してきている。卒業設計や学生の設計コンテストに出展される学生の作品は、それ自体がコモンズとなるような建築や建物の一部を地域に開放し、そこをコモンズとして機能させようとする意図を示しているものも少なくない。

こうした流れと相まって、公共建築の計画において、近年「開かれた庁舎」というワードをよく耳にするようになった。

二〇二一年に竣工した岐阜市役所新庁舎のオープニングセレモニーでは、挨拶に立った岐阜市長が「開かれた庁舎、集いの場として利用いただき次世代に継承したい」と述べ、開かれた庁舎というワードを冒頭に挨拶の冒頭に述べている(1)。

また、二〇二〇年に開庁した埼玉県の深谷市新市庁舎も「人にやさしく、市民にひらかれた庁舎」を謳っているのである(2)。

近年のこうした動向は、市庁舎という公共建築をコモンズとして意識的に位置づけようとするムードの盛り上がりを示唆するものである。もちろん、これまでにも公共建築計画において、そこを市民に開かれた空間にしようとする動きは随所で見られた。こうした長期的に展開されてきた傾向を勘案しても、ここ数年の公共建築のコモンズ化を目指す動きは特筆すべき状況であると考える。

こうした動向は、民間レベルでもみることができる。筆者は二〇二二年に上梓した『建築家の解体』において、「街場の建築家」の実践として、空き家リノベーションを軸としたまちづくりの事例をとりあげた。日頃、まちづくりの現場をフィールドワークしている研究者の肌感覚としても、建築家やまちづくりのプレイヤーたちの多くが、新築やリノベーションを通して、コモンズの創造を目指しているように感じるのである。

しかし、一般的にはまだまだコモンズという概念は人口に膾炙する状況にはなく、コミュニティと混同して使われている状況も散見される。当人たちもコモンズを作っているという認識が無い場合も多い。そこで本章では、コモンズの創造をめぐる建築・まちづくりシーンを記述分析するための有用なツールとなりうるコモンズ論を整理しておきたい。

## 2　コモンズ論の展開

そもそも、コモンズとは何を指すのか。『現代社会学事典』によると、コモンズとは地域社会が共同で維持管理している自然環境のことであり、共同管理のしくみそのものを指すこともある。コモンズの例としては、森林、草原、河川、漁場などが挙げられる。日本においても入会地と呼ばれる村落共同体が管理する山林や原野などの存在が知られている。

こうしたコモンズとしての場所の特徴として細野助博は以下のように述べている。

コモンズは所有欲を左右する誘引がそれほど高くない物材、あるいは空間といえる。植林がなされていない雑木林、水が溢れやすい沼沢地などが一般的に指摘されている。他の用途として顧みられない雑木林は燃料革命が起こる前の炭の原料を調達する場として貴重であったし、動植物性のタンパク源を採取するための場所として沼沢地もその一例であるといいえる。入会地としてのそこには特定の個人に所属する財産権（所有、使用、処分などに対する排他的権利）は存在しなかった。

その理由は個人で負担するにはあまりにも高すぎる管理費と、個人で独占してもそれほど価値のない資源しか存在しないからである。（細野 2016: 8）

人類学者の秋道智彌は、コモンズは「多様な意義付けをされた概念であり、確たる定義や適用の範囲が決まっていない」（秋道 2004: 12）としながら、「私は、共有とされる自然物や地理的空間、事象、道具だけでなく、共有資源（物）の所有と地用の権利や規則、状態までも含んだ包括的な概念と位置づけておきたい」（ibid: 12）と述べている。

コモンズが、現代的課題として注目される契機となった仕事は、ギャレット・ハーディンが一九六八年に提出した論文「コモンズの悲劇」である。ハーディンの議論は以下のようなものだ。ハーディンは牧草地を例に挙げる。牧草地が私有地であれば、所有者は牛が牧草を食べ尽くさないように細心の注意を払って管理する。しかし、牧草地が共有地であれば、牧人は放牧している牛をとにかく腹いっぱい食べさようとする。しかし、他の牧人も同じような行動をとれば牧草地の草は食べ尽くされてしまい、緑豊かな牧草地は荒漠たる荒れ地と化してしまうのだ。

ハーディンの議論は、個人の利益を最大化しようとするのは合理的な行動であり、非難されるべきものではないが、結果として社会全体の不利益をもたらしてしまうという社会的ジレンマ(3)に対する警鐘である。

牧草地を公園や街路に置き換えれば、現代の都市に暮らす我々が直面する問題とも地続きである。都市のコモンズについて精緻な議論を展開したのが、D・ハーヴェイである。コモンズの古典的な理解であれば、都市のコモンズとして公共空間および公共財（たとえば下水設備、公衆衛生、教育など）が挙げられるだろう。しかし、こうしたコモンズになりうる要素は、自然の森や河川や草原と異なり、国家や公的機関によって提供される性質のものである。だからこそ、ハーヴェイは、公共空間および公共財（たとえば下水設備、公衆衛生、教育など）とコモンズの区別が重要であると述べる。

### 3　コモンズからコモン化へ

そうであるならばどのようにコモンズを解釈すればよいのだろうか。ハーヴェイは以下のように述べている。

> それはむしろ、不安定で可変的な一つの社会関係として解釈されるべきである。この関係の一方の項には、自己規定する特定の社会的諸集団がおり、他方の項には、既存の（あるいはこれから創造される）社会的・物的環境のうちその集団の生存と生計にとって重要だとみなされている諸側面が存在する。つまりそこには、コモン化する（commoning）という社会的一実践が存在するということである。（Harvey 2012＝2013: 132）

コモンズは「そこに必ずものや場所、空間を媒介している」（待鳥・宇野 2019: 37）。ここが公共性一般とは一線を画している点である。とはいえコモンがある特定のモノや場所に備わった性質ではなく、生々流転する社会的過程の中にある動態的な存在であることは重要な指摘である。ハーヴェイはそれをコモン化（commoning）と呼んでいる。

それでは、コモン化には何が必要なのだろうか。ハーヴェイは、公共空間や公共財は、コモンズの質に大きく貢献するが、それらを人々が領有したり、コモンズにしたりするためには、市民サイドの政治活動が必要となると述べている。

> この実践は、あるコモンとの社会関係を生産ないし確立し、そのコモンは、一個の社会集団に排他的に利用されるか、多様な人々全員に部分的ないし完全に開放されて用いられる。コモン化という実践の中核に存在している原則は、社会集団と、それを取り巻く環境のうちコモンとして扱われる諸側面との関係が集団的で非商品的なものだということである。すなわち市場交換と市場評価の論理は排除される。（Harvey 1968＝2013: 132）

コモン化という実践によってある場所がコモンとなり、そこが地域の人々の重要な交流拠点となるのだ。ただ、ハーディンが指摘するように、コモンズはオープンアクセスであるがゆえに、つねにフリーライダーによって荒らされる危険性をはらんでいる。あるいは、公権力や資本の力によって収奪される可能性にも晒されている。ある場所をコモンズにすること、そしてそのコモンズを守り続けていくことの双方がコモン化という実践なのである。

## 2 集合住宅とコモンズ――アメリカにおけるＣＩＤをめぐって――

### 1 集合住宅の定義

本書の主要なテーマである、街場の建築家とユーザーの協働によるコモンズの実践／コモン化について みていく前に検討しておきたい事例がある。それは住宅計画の中に制度的にコモンズを備えた事例である。緑に溢れる広大なコモンズを備えた閑静な住宅地は、理想的な住環境として建築学や都市計画学の文献にもよくとりあげられる。本章では、まずアメリカを中心に世界で増えつつある、ＣＩＤ（Common Interest Development）というコモンを備えた住宅地について、政治学者の竹井隆人の議論を参照しながら考察していきたい(4)。

ＣＩＤについて検討をすすめるまえに、本章でいう「集合住宅」とは何かについて、定義を確認しておきたい。「集合住宅」という言葉は人口に膾炙しているが、その定義は不明確であり法律にも明確に定義されているわけではない。類似した言葉として「共同住宅」がある。こちらは一九五〇年制定の建築基準法で定義されている。共同で利用する建造物を指し、具体的には廊下や階段、集会所などを有する住宅をいう。この定義は、物理的側面に着目したものであり、利用形態、あるいは権利形態が異なる場合でも同様に共同住宅としてカテゴライズされる。

さて、「集合住宅」であるが、こちらは物理的な側面よりも利用形態や権利様態に着目した住宅の類型化である。オーナーが一人で建物全体を所有する賃貸型の共同住宅は含まれない。

## 2　CIDはいかにして誕生したのか

それでは、CIDはいつどのようにして誕生したのだろうか。そのルーツは一八九八年にイギリスのエベネザー・ハワードが提唱した新しい都市の形態である。都市化が進む一九世紀のロンドンにおいて、劣悪な都市の環境を脱して理想的な居住空間を構築すべく理想的な住宅地が構築された。エベネザー・ハワードは「田園都市」の理念に基づきレッチワースと名付けた住宅地をロンドン郊外に建設した。ハワードの著作『明日の田園都市』に寄せて都市社会学者のルイス・マンフォードは以下のようにハワードの業績を評価している。

> ハワードが必要としたことは――これは同時にクロポトキンが宣言したように――都市と農村の結婚であり、農村にある心身の健康と活動性と、都市の技術的な便益と都市の誠意的共同との結婚であった。この結婚手段が〈田園都市〉であった。（Howard 1902＝1968: 55）

しかし、ハワードの田園都市計画は都市と農村の境界を取り払い、どちらも無定形な場所を作り出すものだという批判やロンドンの喧噪を逃れて郊外に自分たちだけの理想郷を作り出そうとするエゴイスティックな主張を持つ者などという無理解があった。

ハワードは既存の自治体行政の枠の中では都市問題の解決はないと見た。なぜならば、その最も大きな問題の一つは、都市を取り囲む農村への経済的・社会的・政治的な関係が欠けているからであった。ここでは都市開発というただ一つの見解のなかに浸ってしまい、解除しようとして選んだ狭義の問題はその問題の一部にすぎないという、より広い立場を忘れた、これらの自治体改革家や住宅問題の専門家が描いた映像よりも、かれの見解ははるかに明瞭なものであった。

(Howard 1902＝1968：58–59)

ハワードもロンドンという都市が抱える様々な問題はもはや既存の政治的な枠組みの中では解決できないと考え、郊外に新天地を建設した。マンフォードも指摘するように、ハワードの理念が卓越していたのは都市と農村は不可分の関係であると認識していた点である。都市問題は都市の中だけで起こった問題であると考えられがちであるが、都市に労働力や食料を供給しているのは周辺の農村であり、それらとの関係性の中で巨視的に都市をみていかないと都市問題は解決しないのである。レッチワースとウェルウィンという二つの町に見事に結実したハワードの理念は全世界の都市計画家に参照され、オランダやドイツ、そしてアメリカへと伝播していった。アメリカでは一九二八年にニュージャージー州に建設されたラドバーンがその嚆矢となった。

ラドバーンは住宅街に敷設された車道をクルドサックと呼ばれるUターン可能なサークル型の袋小路とすることで、歩道と車道を分離する「歩車分離」を最初に実現した町としても知られている。それは「ラドバーン方式」と呼ばれ、日本でも東京都の常盤台などで導入されている。また、リビングを表通りではなく裏庭に配した「内庭方式」なども採用されているのが特徴的である。このようにいくつかの特筆すべき事例があるが故に、ラドバーンは都市計画の書物には頻繁に登場するものの、ほとんどがその物理的な側面にのみ着目したものとなっている。

竹井（2005）は、ラドバーンが画期的だった点として、元弁護士の都市計画家、チャールズ・アッシャーの考案による、コモンを含む集合住宅全体を共同統治する「ＣＩＤ体制」を高く評価している。それは以下のようなものである。

> 居住者全体からなる住宅所有者組合（HOA：Home owners Association）が居住者から分担金を徴収し、警備、ゴミ回収、街路の保全及び照明などの公的サービスを遂行する一方で、一連の約款、約定、規定（CC&R Covenants, Conditions and Restrictions）から構成されるルールを執行して居住者を統治するのである。（竹井 2005：20–21）

このような「ＣＩＤ体制」をともなった集合住宅は、いわばアメリカ版田園都市と呼べるものであり、ハワードの田園都市構想による土地公有と異なり、むしろ個人による土地の独占私有が鼓舞された。個人による私的所有という「プライヴァティズム（privatism）と田園都市のユートピアを混成させて、アメリカのＣＩＤ研究の第一人者であるエヴァン・マッケンジーは「プライベートピア」と命名している。

### 3　ＣＩＤの成立を後押しする諸政策

アメリカで大いに発展したＣＩＤであるが、その発展の裏にはそれを支えるいくつかの政策的な仕掛けが存在する。ここではそれらについて詳しくみてみることにする。改めてＣＩＤとは何か、竹井はＣＩＤの権利様態を以下の四点に整理している。それらは、「コンドミニアム（Condominium)」、「ＰＵＤ（Planned Unit Development：計画一体型開発)」、「コウオプ（Co-op)」そして「コミュニティ・アパートメント（Community Apartment)」である。

ＣＩＤの権利様態は以上の四つに大別できるものの、そのほとんどはコンドミニアムとＰＵＤに二分される。一方でＣＩＤの圧倒的多数は郊外に存在し、公園や街路その他さまざまなアメニティ施設が含まれるコモンを共用するのである。

また、郊外では戸建て住宅とタウンハウスといった物理的形態の異なる集合住宅の混在をはじめ、複数の権利様態をもつ集合住宅が混在している事例も多い。住宅取得は高額な出費であり、その費用の多くは借り入れで賄われている。アメリカと日本で大きく違う点として竹井は住宅金融をとりあげている。アメリカの不動産金融の要諦は金融側がリスクを負うことにある。それは日本の住宅金融が債務者の無限責任と人的担保主義によるのとは大きく違う。アメリカの不動産金融では、対象とする不動産以外の財産には遡及しないノンリコース・ローンとなっており、かつ人的担保にも頼らない。こうした金融手法は、将来的な不動産価値の維持という長期リスクを念頭においていることの証左である（竹井 2005）。

日本において住宅ローンを組むという行為は、多くの人間にとっては一生に一度の大事業である。三五年といった長期のローンを組み土地や建物に抵当権を設定されたり、団体信用生命保険への加入を条件とされる場合も多い。すでに述べたように、日本においては木造住宅の資産価値は二〇年でゼロになるという現状がある(5)一方、アメリカやヨーロッパでは古くて手入れが行き届いた家は新築よりも高値が付くことが多い。年月を経た住宅は街の景観を構成する重要な要素であるという社会的なコンセンサスがあることも大きな要因であるし、またリスクを負うのが金融側という事もあり、不動産や建築に対する高い意識と知識を持った人間が金融業会に存在しているという理由も大きいというのが竹井の見解である。つづいて、管理と統制の仕組みついてみていきたい。

集合住宅に対する管制をともなってはじめて「プライベートピア」は完全なものとなる。それがなければ物理的に単にコモンを有する居住区でしかない。その分岐点となるのは、住民自治組織（HOA）による統治権能の有無にある。（ibid: 32）

このHOAはコモンを含む居住者全体の整備・管理を遂行する一方で、制限約款を執行し居住者の生活に一定の制約を加え統治する、いわば「私的政府（private government）」としての権能を振るう（竹井 2005: 33）。ここまでの議論で、CIDの成立を後押しする法律や金融政策の存在に加えて、年月を経た住宅を街の財産として評価する風潮など日本には見られない特徴が看取できたが、竹井が重視している集合住宅における「制限をともなう政治」について次節で詳しくみていきたい。

## 4　「制限」を巡る議論

先述したようにアメリカにおけるプライベートピアはハワードの目指した田園都市を理想的なモデルとして掲げていた。しかしながら、ハワードの目指した田園都市とアメリカのプライベートピアとはいくつかの点で異なっている。竹井はこのことをマッケンジーの批判をひきながら記述している。

相違点のひとつは、土地の所有形式である。ハワードの田園都市構想において、居住者は借地人であるという土地公有を前提とするのと異なり、住民に土地の私的所有を鼓舞するようなものになってしまっているところである。

また、別のマッケンジー批判のポイントとしては、ハワードが理想とした、町の中での自給自足のために付随する田園が、単なるアメニティのための緑や公園に変わってしまったという点だ。ＣＩＤの居住者はそこから都市部の職場に通い、ＨＯＡに雇われた清掃人や警備員などはＣＩＤの外に居住しているのである。つまり、プライベートピアは田園都市に物理的には相似しており、郊外で緑に囲まれた都市として存在するものの、制限約款によって「望ましくない隣人」を排除し、白人の中流以上の階層に限定されたユートピアとなり果ててしまった。マッケンジーはこのように批判する。さらに彼はプライベートピアの制限約款が居住者に対して抑圧的であり、反自由主義であると批判を展開している。

制限約款は、先述したように住宅の外壁の色彩や庭の芝生の長さを指定することが典型であるように、住宅や庭のデザインが集合住宅全体の景観に合致することを求めている。ほかにも、住宅地内における自動車の駐車禁止や速度制限、灌木や花木の種類や高さに対する制限、重量限度以上のペット飼育の禁止、戸外での洗濯物干しの禁止、ガレージ入口を開放し放しにすることの禁止、収集時間前に街路にゴミ箱を置くことの禁止、などがある。そして、極端なものになると居住者の年齢制限、滞在客の最長滞在期間の設定、夜間の門限など個人行動に制約を加えるもの

までである。(ibid: 46)

先述した制限は日本の集合住宅の制限約款においても確認できるものが少なくない。マッケンジーの批判のポイントはこのような制限約款がそこに居住する住民が心地よく暮らすことよりもＣＩＤの資産価値を高めるために機能していることに対する危惧である。これに対して竹井はマッケンジーが批判する「制限」こそがコモンズが機能する重要なファクターであるととらえ以下のように述べる。

多くのアメリカ人が憧れる緑豊かで、美しく、広いコモンに囲まれた集合住宅は、制限約款に記載される種々の「制限」が機能してはじめて維持される。「制限」は緑を保全し、騒音を防ぎ、周囲の静謐を維持することで個人が居住する権利をむしろ保護するのである。(ibid: 56)

この主張は「政治」を展開していくことが参加意識をもった住民をつくり、彼らが「集合住宅デモクラシー」を担っていくのだという主張を展開し、マッケンジーの批判に再批判を加えている。竹井は広いコモンを有する集合住宅を維持管理していくには、一定の「制限」が必要であると述べる。たしかに、ある程度の制限がなければ「コモンズの悲劇」を招き寄せかねない。

日本の集合住宅(形態としては分譲型マンションが多い)には管理組合が存在する。それは、建物の区分所有等に関する法律(区分所有法)によって定められており、区分所有者と管理組合が主体となって管理運営を行うこととされている。しかし、法律で定められた組織であるにもかかわらず組織への参加意識は極めて低いのが実情である。参加を義務付けるといった「制限」を課し、強制的に住民を集会に駆り立てればそこに「私的政府」が成立し、「集合住宅におけるデモクラシー」が実現できるのだろうか。筆者はそうは思わない。日本において集合住宅の住民の多くは他人による干渉を快く思わない人びとである。(6) 近所の人間との人づきあいの煩わしさから逃れるために集合住宅を選択しているという側面が大きいのだ。そのような住民に「制限」の厳しい約款を押しつけても、彼らはそこを退去するだけであろう。

## 3　建築家とコモンズ――地域社会圏という考え方――

### 1　「一住宅＝一家族」モデルの住宅

建築家の山本理顕は、建築とコモンズのあり方について、活発に意見表明をしている建築家である。言論だけでなく、「県営保田窪第一団地」など、実際の建築空間において、自らの思想の具現化を試みている建築家である。

山本の議論はまず、現代の住宅モデルが外部から隔離されたプライバシー重視の設計になっていることを反省的に問い直すところから始まる。現在の住宅モデルは、産業化の進展とともに、都市に集まる賃労働者のための専用住宅であった。欧米から遅れて産業化を達成した日本においても、都市部に集中してくる労働者を効率よく住まわせるための集合住宅モデルの設計が求められていた。こうした労働者のための住宅の主眼は、労働力を再生産することに置かれている。そのため、束の間であれ、しっかり休息して家族と親密な時間を過ごせるように、外部から隔離された私的空間として発展を続けてきた。日本の住宅も、そうした住宅の設計思想の延長上にあることはすでに指摘した通りである。山本は、こうして定式化された住宅モデルを「一住宅＝一家族」と呼び、その自明性を問い直そうとしている。そうしたプライバシー重視の住宅計画は、家族の生活を住宅の中に閉じ込めてしまうという状況を引き起こしたと糾弾するのである。

そのうえで、山本は近代以前の住宅の基本形態、すなわち家業を営む場としての住宅に「一住宅＝一家族」という閉塞した状況を乗り越えるヒントを見出している。そして日本の町屋を例に挙げて、以下のように述べている。

> 家業をもった町屋が私的（プライベート）空間です。そして町中が公的（パブリック）空間です。その両者の中間にあって両者を結びつける空間がお店だったのです。お店が「閾」だったのです。
>
> （山本・仲 2018: 30）

ここで山本が述べている「閾《しきい》」とは、第5章で詳しく述べるが、いわゆる一線をもって、内外、自他の境界を区切る「敷居」とは異なり、空間的な広がりを持った境界のことである。また「町中《まちじゅう》」とは自治組織であり、店の集合によって構成される共同体であった。今で言う商店街組合のようなものであろう。町屋の主人は、私的な住宅の住人でありながら、町中というコミュニティのメンバーシップも有しているのである。

山本は、こうしたコミュニティは現在においても有効であると述べる(7)。そして、これまでの都市計画や住宅政策が住宅地から地域経済圏を切り離してきたにもかかわらず、そこにコミュニティを半ば強引に作ろうとすることの矛盾を鋭く突くのである。

## 2　地域社会圏

こうした議論を経て、山本は、経済圏とともに住宅を設計するという新たなモデルの提示を、建築家が積極的に取り組むべき課題であると述べつつ、「そうした住宅モデルとさらにその住宅を取り巻く共同体を一緒に考えたいと思います。現代版「町中」です。それを地域社会圏（Local Community Area）と呼びたいと思います」（ibid: 34）と述べている。

地域社会圏は、山本の設計思想の中核となっている概念であるが、山本は地域社会圏という呼称を用いた理由について以下のように述べている。

地域には場所を特定するようなニュアンスがありますが、社会という言葉は場所と関係がない抽象概念です。空間的な領域とは無関係に使われる言葉だと思います。「圏」というと場所を特定します。ですから「地域社会圏」という言葉は、場所を特定するコミュニティのような意味で使います。(ibid: 34)

この記述は、社会学でよく議論されるネットコミュニティのようなバーチャルなコミュニティや、あるいはウェルマンのコミュニティ解放論に見られるような、非近接的コミュニティなど、物理的な空間を不要とする議論へと拡散していかないようにするための縛りでもある。こうした物理的な空間性を根拠とする地域社会圏は、その構想、とりわけ空間設計が、重要であると以下のように述べている。

ローカルな共同体を構成する人びとの空間はどのように構想されるかということです。どのような活動空間として構想されるのでしょう。構想するという意味は設計するという意味です。つまり、どのような建築空間をつくるかということを含めて、その空間設計の問題が極めて重要なのです。(ibid: 36)

山本はこのように述べ、コミュニティを建築空間として設計すること、形を持たないコミュニティやアソシエーションに具体的な空間を付与することが建築家の仕事であると主張する。以上のような山本の主張は、物理的な空間やモノを媒介とするコモンズの議論と重なり合うところも大きい。しかしながら、コモンズの創造と持続性という観点からみれば、山本の議論はこうしたコモンズの創造を建築家が取り組むべき課題として限定してしまっているところにやや難点がある(8)。さらに、その建築家の取り組みも空間の設計に限定されているように読める。しかし、コモンズはコモンズの持続的な運営、すなわちコモン化（commoning）という不断のプロセスこそが重要なのである。こうしたコモン化は、建築家自身が取り組んでいる場合もあるが、多くはオーナーであったり、そこを利用するユーザーであったりする。あるいは建築家とユーザーのコラボレーションであったりする。つまり、建築家だけではなく、ユーザーも巻き込んだ活動を展開しなければコモンズの創造、地域社会圏の創造は難しいと言えるだろう。

## 4　コモンズを創造するために

### 1　建てることと住むことの乖離が住む力を失わせた

ここまで、コモンズは具体的な場所やモノを介在させた物理的な存在であるということを確認した。つまり、建築的行為がコモン化には含まれている。コモンズはコモン化という不断のプロセスを経ることで賦活化される。コモンズとしての空間・場所を設えただけでは不十分であり、コモンズに継続性・持続性を与えるにはコモン化という実践が必要である。

コモン化とは、ハード（建物）とソフト（アクティビティ）を二分化した際の、後者に属するものと見られがちである。しかし、筆者が考えるコモン化とは、その場におけるアクティビティを活性化させるためのソフト面の諸実践だけではなく、ハード面（建物）への積極的な関与も重要な要素である。それは建築家だけに期待されるべき実践ではなく、コモンズを暮らしの延長と捉えるなら、住人、ユーザーもコモンズの建築的行為への参与が期待されるのである。

しかし、現代の都市に暮らす多くの人びとは、住居を（修繕・改築も含めて）建てる技術や知識を喪失している。こうした状況に置かれている現代人はもはや「住む力」を失っているのである。そうした「住む力」の喪失についてイヴァン・イリイチは次のように語っている。

〔現代の〕居住者は、もはや住む力の多くを失っています。屋根のしたで眠るというかれにとっての必要は、文化的に定義された〔依存〕欲求《ニーズ》へと変貌してしまっています。住む自由 liberty to dwell とは、もはやかれにとって無意味なことばになっています。かれが必要としているのは、すでに家としてできあがった何平米かの空間を要求する権利です。かれにとって大事なのは、引き渡されるものを受け取る資格と、それを使うための熟練技能です。かれ自身が生活する技術を、かれはもはや失っています。なぜなら、住む技術をかれは必要としないのですから。つまり、いずれにせよかれが必要としているのは、アパートなのですから。（イリイチ 1991: 22）

イリイチによれば、人びとはすでに住宅として与えられたモノを買う・借りるなどして、そこに受動的に住まうことしかできないと述べている。

それではなぜ現代の人びとは、住む力を失ってしまったのだろうか。それは建てることと住むことが乖離してしまったことに起因する。

「普通私たちは、『住むこと』と『建てること』を別々の活動とみて、『住むこと』を目的として『建てること』がその手段としてあると考える。しかし、ハイデガーによれば建てることは、住むことの手段や方途にすぎないのではなく、『建てることはすでに住むことなのである』（山本 2021: 21）という。それでは、なぜこれほどまでに、建てることと住むことが乖離してしまったのだろうか。

## 2　建てることと住むことの乖離はどのように起こったか

建てることと住むことが乖離してしまった要因について考えるために、まず参照したいのが、多木浩二が伝統的な民家に視線を投げかけながら書き記したエッセイである。

多木は、汽車の旅の途中、窓外に流れていく田園風景を眺めていた。そして、そこに点在する「民家」に着目するのである。そしてそれらがコンクリート・ブロックやアルミサッシなどの工業化された建材で構成されていることに気が付き、以下のような嘆息を漏らしている。

いわゆる民家はまもなく消えてしまうだろう。民家がなりたつ条件そのものが社会から消失しているのだ。おそらく農村そのものが消えようとしているのだろう。たとえば屋根を葺くために必要であった共同体（ゆい）もほぼ解体している。いま、このような家を原型のまま維持するとしたら、それは生活ではなく文化財として保存が加えられねばならない。（多木 1976＝2001: 9）

ここで多木は、物質としての「民家」がまさに朽ちて消えようとしている風景の向こう側に、かつてそれを存在せしめた社会構造、つまり一軒の「民家」を建設し、修繕し、維持していく地域共同体の喪失を見ている。多木の議論から、地域共同体が解体・弱体化していく段階で建てることと住むことの乖離が進んでいった、という状況を読み取ることができる。地域共同体が生きていたころは、地域に大工や左官がいて、村人が総出で普請を手伝っていた。建築家の石山修武は、地域共同体の中で家が建てられていた頃の様子について以下のように述べている。

高度な工業化以前の住宅は設計図なしに建てられてきた。設計図が不要だったからだ。なぜ、不要であったか。木工を中心とした日本の大工の技能が高度な水準に達していたからだ。高度でしかも広範に平準化されていた。つまり、社会の隅々にまで浸透していた。どこにでも腕のよい大工さんがいて、彼らは誰にでも同じような家々を注文されるママに建てることができた。チョッとした平面の見取図程度のものさえあれば、大工さんは皆頭の中に完成像を思い浮かべることができて、さらに材料の調達をはじめることができた。（石山 1997: 15）

一九五〇年に住宅金融公庫法が設立され、核家族のための戸建住宅の建設が促進されることになってもほとんどの住宅は民間の大工によって建設されていた。当時はまだハウスメーカーのような住宅供給専門の建設業者は存在していなかったからだ。彼らが手がけた住宅は木造在来工法と呼ばれる工法で建てられ防火性を確保するために外壁をモルタル仕上げとしていた（難波 2013）。そのような日本の木造在来工法のしくみは非常に優れたものであり、戦後しばらくの時期まで「大工システム」は木造住宅建設において中心的な役割を担っていた（巽 1986）。

その後、建てることと住むこととの乖離をもたらした決定的な要素としての、住宅産業の成立と住宅の商品化という事態が生じていく。

松村秀一によれば、戦後しばらくの間低迷していた日本の鉄鋼生産は一九五〇年に勃発した朝鮮戦争による特需を受けて一九五三年には、ほぼ戦前の水準にまで回復していた（松村 2013）。とはいえ、いつまでも特需に依存するわけにもいかず中・長期的な視点において、軍需に代わる市場が求められていた。そこで注目されたのが都市の不燃化を念頭に置いた戦災復興や国土建設であり、それにともない大きな成長が見込まれていたのが建設市場であった（ibid）。

一九六〇年代に入ると戦後の圧倒的な住宅不足の解消を目的に、研究と開発が急ピッチで進んだ。工業化住宅の量産体制が整備され、産業としての体裁が整いはじめた。わが国において「住宅産業」という概念が定着しはじめたのは一九六〇年代の終わりごろであった（巽編 1993）。布野修司は日本の住宅において一九六〇年代が持つ意味は、住まいのあり方が「建てるものから買うものへ」と大きく変容したという意味で、歴史的な転換期として記憶されるだろうと述べ、それを象徴するものとしてプレハブ住宅とその展開、つまり住宅生産の工業化と産業化が決定的に進行し、住宅産業が成立したことだと述べている（布野 1989）。このころから、住宅の商品化が進んでいくのである。

より本質的な変化は、平たく言えば、住宅がもはや建てるものではなく、買うものになったということである。実際、プレハブ住宅に限らず、住宅は、リカちゃんハウスのように展示場やデパートで売られるようになったのだ。自分の土地に、大工さんや工務店に頼んで住宅を建設することは次第に少なくなり、建売住宅の形が一般的になり始める。カタログのなかから、選ぶ形、不動産屋の店頭で条件に合う物件を捜しだす形が一般的となるのである。（布野 1989: 136–137）

住宅が、建てるものであれば、大工が住宅を建てる過程を見学することができるので、住宅がどのような構造を有しているのかについて実際に肉眼で見て確認することができる。柱がどのような基礎の上に立ち、梁と柱はどのように組み合わさされているのか。そうした部材同士の架構を大工はどのようにして組み立てていくのか、その工程ごとに見ていくことが可能である。発注者（ユーザー）は、こうした住宅（の構造）についての知を、実物を見ながら深めていくことができる。しかし、それが買うものになってしまえば、構造や設備といった要素は表には出ず、ブラックボックス化する。それゆえ、ユーザーの関心は、屋根や壁の色や、システムキッチン仕様など、スペックやデザインに目が向いてしまう。それは自動車や大型家電を買うときの選択眼と同様の類のものである。

## 3　人びとはなぜ建てることを諦めたのか

建てるものから買うものへの変化は、人びとを住み手から消費者へと変えていった。それが人びとが建てることを諦めていく一つの要因であることは否めない。ここで、人びとを建てることに駆り立てるインセンティブという観点から検討したい。現代の都市住宅に暮らす人びとが住宅に積極的に手を入れない、すなわち広義の建てることを諦めているという事実は、建てることによって得られる利益が少ない、インセンティブが無いからと考えることもできる。それは住宅の資産価値というインセンティブである。住宅はいわば耐久消費財なので、会計上は減価償却資産である。土地の資産価値は目減りしないが、住宅は年々その価値が減少していく。たとえば、日本の住宅に多い木造モルタルの住宅であれば、価値がなくなるまで居住用で三〇年である（業務用なら二〇年）。つまり、新築して三〇年が経過すれば資産価値はゼロになってしまうのである。建築学者の加藤耕一はそうした状況を次のように手厳しく論難する。

日本の住宅はたとえば三五年の住宅ローンの支払いが終わったとき、支払った総額分の価値を有していない。築三五年の住宅価値は驚くほど低い。その住宅が建つ土地を不動産売買しようと思うと、古い住宅の取り壊し費用がかかるため、更地にしてから売ったほうが高く売れるという。住宅はほとんど粗大ゴミ扱いである。（加藤 2017: 2）

ここには、日本の住宅は、ほとんど粗大ゴミ扱い、という厳しい指摘が述べられている。たしかに、資産価値がやがてゼロになることを運命づけられているモノに、手を加えて、さらに良いものにしていこうというマインドセットは醸成されにくいだろう。住宅に手を入れていくインセンティブを鑑みても、こうした状況ではそれは乏しいというしかない。

それでは、日本以外の住宅はどうだろうか。加藤は「欧米では、住宅に対する投資額と資産額が一致することが多いようだ。すなわち欧米では古い住宅は粗大ゴミではない。それどころか、投資額に見合った価値ある資産として、中古住宅が不動産市場で売買されるわけである」（ibid: 2）。と述べる。

また、世界の住宅、インテリア事業に詳しい井形慶子はイギリスの住宅の住み継がれ方について以下のように語っている。

イギリスでは、家は持った時からが始まり。家を持つことは、継続して関わり続けること――オン・ゴーイング・プロジェクト――と言われている。たとえば、イギリスの室内ドアはこれ以上ペンキを塗ると厚い層で表面に亀裂が入るのではと思われるほど、繰り返しペンキが塗られている。表面がペンキでピカピカに光っている白い室内ドアを見るたびに、一体何人の人がこのドアにペンキを塗ったのだろうかと考える。（井形 2004: 42）

筆者も、日本に文化財として残されている洋館を訪れたことがあるが、窓枠やドアなどが、ペンキを塗り重ねられ、分厚く膨らんでいる様子を観察したことがある。劣化したからペンキを塗るということもあるだろうが、自分らしくカスタマイズしたい、というマインドからドアや窓枠を自分の好みの色で上塗りするということも多分に実施されてきたことだろう。

一方、日本の賃貸住宅はどうだろうか。まずは、イリイチの象徴的な語りをみてみよう。

〔現代の〕居住者は、こちこちに固められた世界のなかで生活しています。ハイウェイのうえでかれが〔勝手に〕道を切り拓いていくことが出来ないのと同様に、かれは壁に穴をあけることもできません。かれは、少しも痕跡を残さずに生涯を過ごします。かれが残すしるしは、へこみ、つまり、損耗と見なされます。かれがあとに残したものは、ゴミとして取り除かれるでしょう。

（イリイチ 1991: 22–23）

イリイチの語りは、賃貸住宅に暮らしている者には、とりわけ実感できるのではないだろうか。賃貸住宅に住まう者は、暮らしの痕跡を残すことを許されない。筆者も賃貸住宅住まいであるが、不動産屋の営業マンと内覧した際の不思議な感覚を思い出す。筆者が借りているアパートは、駅から近く、その割には家賃も安いので人気の物件であった。

筆者はそこが気に入り、賃貸に出された部屋を内覧させてもらうことになった。ドアを開けると、その部屋は、家具も家電もカーテンも撤去されて、「がらん」としていた。人はここまで見事に痕跡を残さずに暮らせるのか、と感動すらも覚えた。営業マンから、前住人は三〇～四〇代のひとり暮らしの女性である、と聞いた。もちろん、彼女が痕跡を残さなかったから、というよりは、ハウスクリーニングの業者が徹底して彼女の生活の痕跡を消し去った、というのが正解だろう。

彼女はここでどんな生活をしていたのだろうか。家族や友人を招いて食事を楽しんだりしていたのだろうか。一人でテレビを観て笑ったり、泣いたりしたのだろうか。あるいは、ソファで雑誌を読んだり、ベッドに寝転がりながら眠れぬ夜を過ごしたりしたこともあっただろう。

ともかく、そうした彼女の生活のリアリティを感じさせるものは何も残されていなかった。筆者も、今住んでいるアパートに暮らしてもうすぐ一〇年になるが、いつかここを退去するとき、筆者の十〇年間の生活の痕跡は跡形もなく消失するだろう。そうやってまた新しい入居者を迎えるのである。

このように痕跡を残さずに住まざるを得ないのが、賃貸住宅に住む者の宿命である。

このように、持ち家に暮らす者には、住宅に手を入れるインセンティブがなく、また賃貸住宅に暮らす者は、痕跡を残すことを許されない。いずれにおいても、私たちは住宅に働きかけることを（広義の建てること）から疎外されているのである。

### 4　建てることを取り戻すことは可能か

ここまで、建てることと住むことの不一致が住む力を喪失させていったと、という議論を展開してきた。そうであるならば、建てることを取り戻すことで、住む力を快復させることは理屈の上では可能のように見える。そこで、本節では、建てることを取り戻そうとする実践について検討したい。その実践は大きく二つに分かれる。一つは、個人による実践である。それはＤＩＹから、セルフビルドと呼ばれる住宅の自力建設に至るまで、必要とされる技術レベルの高低に応じたいくつかのバリエーションがある。

二つ目は集団的な普請である。いわば建てることの集団化である。先に引用した多木の語りに見られたように、かつて住宅は地域共同体の人びとによって建設されてきた。しかし、そうした地域共同体が解体、弱体化している現在、地域の人びと総出で一軒の住宅を建設する、ということは難しくなっている。しかし、近年、住宅や商店など地域に根ざした建物の工事に、できるだけ多くの人を巻き込んで作っていくという手法が注目されはじめている。その際、どのような集団が、どのように形成されているのか。また、その集団がいかにして「建てること」を実践しているのか、について検討してみたい。

本章では、そうした二つの動きを紹介しながら、建てることを取り戻そうとする実践の現在形、その可能性と課題について検討していきたい。

自らの力で住宅に手を入れるという手法は「日曜大工」として人口に膾炙している。一般的に日曜大工と言われる作業の範疇は、戸棚やテーブルといった造作家具の作成や、網戸の張替え、鍵の増設等、それほど高度な技術や道具を必要とするものではない。

一九二〇年生まれ筆者の祖父（故人）は自宅の納屋を自作していたし、戸棚や椅子などの家具もよく制作していた。しかし、筆者の父親は日曜大工とは無縁であった。住まいが戸建て住宅ではなく、マンションに変わったことも大きな理由だろう。マンションは素人が触れる余地がまるでない。せいぜい破れた網戸を交換する程度である。近年はＤＩＹの方法を教えてくれる動画もYouTube上に多数アップロードされている。いわゆる教科書的なものではなく、動画製作者自身のプロジェクトを公開しているので臨場感もあり、飽きずに観ることができる。簡単な小屋であれば日曜大工の延長で建設することも不可能ではない。しかし、ガスや水道、電気といった設備も含めて一から設計施工しようとすると相応の技術と知識、そして大工道具が必要となる。近年、ライフスタイル雑誌や、男性誌などを中心に、セルフビルドで小屋をつくることを詳述した特集記事が掲載されていることも増えた。しかしながら、あまりにも長い間、「建てること」が一般の人びとから遠ざけられていたため、建材を調達することも簡単ではない。

「蟻鱒鳶《アリマストンビ》ル」のセルフビルドを行っている建築家の岡啓輔は以下のように述べている。「僕は最初、必要な建築資材を、建築業界向けの業者から買おうと思っていた。相手もプロだから安心感があるし、なにより安く買えると思っていた。でも現実には、どの業者も僕を相手にはしてくれなかった」（岡 2018: 22)。建築家の増井真也も住宅建材を買おうにも市場が整備されていないことを指摘する。

セルフビルドやDIYをやってみたいと思っても、材料はいったいどこで買えばよいのだろうか。正しいやり方はいったい誰が教えてくれるのだろう。ホームセンターで材料を購入することもできるけれども、個人で使う程度の量では割高だ。建材によっては驚くほど高い値段になってしまうこともある」（増井 2016: 11）

増井は、日本の建築業界がいわゆる「業者」以外の者によって家が建てられることを全く想定していないことを指摘している。「腕のよい大工がいるとうわさに聞いて、秩父まで行ってみてもあっさり断られ、タウンページに掲載されている大工さんに会いに行ったら笑われた」（増井 2016: 12）。というエピソードも併せて紹介している。岡も増井も一級建築士である。建築のプロである彼らでさえ、業界を介さずに個人としてセルフビルドを行おうとすると建材の一つも手に入れることができないし、「助っ人」の大工を雇うことも出来ない状況に直面するのである。

最後に、集団による普請の現在形について言及しておきたい。すでに確認したように、かつて住宅は地域共同体の中で建てられてきた。しかし、地域共同体が解体し、弱体化していくなかで、それも難しくなっていった。しかし、近年、「集団的な普請」が現れつつある。それは、かつてのような地縁・血縁的な集団ではなく、サークルやクラブのような、いわば「選択縁」を基盤とする人びとの集団である。

それを主導するのは、本書で「街場の建築家」と呼ぶ地域に根ざした活動をする建築家や、大工である。筆者はそうした有志の実践を「参加型リノベーション」という用語で定義し、調査研究を行ってきた。筆者も参加した廃病院をゲストハウスにリノベーションするプロジェクトでは、約半年間の工事期間中、延べ一〇〇〇人を動員した。

「参加型リノベーション」の現場に集う人びとは、基本的にはＳＮＳの告知を見た人びとである。それ以外にも、通りすがりの人が興味を持って参加する、などということもあった。かつての家造りが集団的な営為であったことを鑑みれば、参加型リノベーションは現代的にアップデートされた集団普請であると言えるだろう。具体的なその中身については、第5章で詳しく検討したい。

注

（1）CBCニュース（https://www.youtube.com/channel/UCh5mvJtIWycou5b8smpBuxA、二〇二二年一〇月一日取得）より。

（2）「深谷市新市庁舎パンフレット」（http://www.city.fukaya.saitama.jp/ikkrwebBrowse/material/files/group/78/panfu%20ura%20web.pdf、二〇二二年一〇月一日取得）を参照。

（3）個人に協力もしくは非協力の選択肢が与えられているとき、非協力を選んだほうが個人の利得は大きくなるが、集団としては全員が協力を選んだときよりも全員が非協力を選んだときのほうが利得が小さくなってしまう状況のことを指す。

（4）竹井は集合住宅を基点とした民主主義のあり方を考察してきた研究者である。竹井によれば、アメリカにおいては、集合住宅が政治的考察の舞台として注目されている（竹井 2004）。

（5）「国土交通政策六五号　住宅の資産価値に関する研究」二〇〇六年、国土交通省交通政策研究所。

（6）久保妙子の調査によると、自治会の役員をして積極的に地域に貢献したいかとの質問に対して、「はい」と答えた者の割合は、戸建住宅で男一〇・九%、女九%であり、テラスハウスでは男五%、女九%、また市営住宅では男六%、女三%となっており参加意識は極めて低い（久保 2003）。

（7）商店の持つ公共性について、商店街の研究で知られる社会学者の新雅史は、実家の両親が営んでいた酒屋について以下のように述べている。

商業者の実践は、財やサービスを提供するだけに留まらず、アーケードや街灯の整備のように場に働きかけを行い、住民を馴染み客にするため人間関係に働きかけを行い、日々の商いを通じて地域の時間構造を形作っていくのではないか。こうした「場」「人間関係」「時間」といった資源を媒介する存在として商業者を捉え直したいと思うのです。(新 2022: 8)

(8) たとえば以下のような語りに典型であろう。「どのようにしたら、単なる住宅の集合を「地域社会圏化」することができるのか、それが私たち建築家の課題です」(山本・仲 2018: 42)

# 第4章 街場の建築家とコモンズ

## 1 建築家の解体と街場の建築家の復権

### 1 日本における建築家とそのキャリアモデルとその解体

日本における建築家という職能は明治時代にイギリスより導入された。その目的は、欧米列強の主要都市に立ち並ぶ重厚な建築をつくることであった。工部大学校、東京大学工学部建築学科において建築家教育は展開され、数多くの日本人建築家を輩出した[1]。その後、建築家の法的、制度的な整備は難航した。紆余曲折を経て、第二次大戦後になってようやくその仕組みが整えられた。日本の建築家は欧米の Architect に倣った職能であったが、戦後に成立した法律には、国家資格としての建築士は定められたものの、建築家の職能を規定したものはなかった[2]。

明治期の建築家は、西洋風の重厚な建築を設計するという国家的使命を帯びていた。時代を経るにつれてそうした役割も後景に退いていったが、建築家として世に送り出される人数も限られていたため、建築家は基本的に少数のエリート的職業であった。

ところが、第二次世界大戦後、建築家という職能は少しずつ大衆化されていく。戦後、大学進学率の高まりや建築技術者に対する需要の増加にともなって建築学科が新しく増設されたり、定員が拡大されたりした。

一九六七年の学生生徒数は一九五八年の約二倍、一九三八年の約八倍の人数に増加した。そのため、建築家は仕事を求めて小住宅の設計にも手を出すようになる。従来、住宅の設計は建築家の仕事であるとあまり考えられてこなかったが、若手の建築家は生き残りをかけて小住宅の仕事に活路を見出さねばならなかった。住宅ジャーナリズムが新人や若手にも等しく門戸を開いていたこともあり、小住宅の設計という仕事は、駆け出しの若手建築家にとっては、「激化してくる建築家の生存競争のなかで、住宅はもっとも手ごろな売出しのアドバルーン」（西山 1974: 155）であった。

戦後、日本政府が「持ち家制度」に舵を切ったこともあり、庶民の間にも新築戸建て住宅への憧れが醸成されていった。そうした背景もあり、建築専門誌のみならず、『主婦の友』や『婦人生活』『婦人画報』といった女性誌でも若手建築家の設計する住宅が特集されるようになった。しかし、第1章でも述べたように、住宅産業の発展と住宅の商品化によって、ジャーナリズムに建築家と小住宅が取り上げられるということは少なくなった。しかし、建築家が手掛ける住宅に対して一定の芸術的価値を見出すクライアントのニーズは根強く、建築家が住宅を手掛けるという状況は現在に至るまで続いている。しかし、多くの建築家にとっての住宅は、あくまでもスタートラインであり、住宅で認められて、やがて大きな建物の設計を任されることを夢見てきた。

しかし、こうした従来型の建築家のキャリモデルの達成は徐々に難しくなってきている。隈研吾は「パドックからカラオケへ」と題した論文のなかで以下のように述べている。

本レースがあったからこそパドックがあり、パドックでの歩きっぷりが重要視されたのである。しかし本レース自体が、どこかに消滅してしまったところに、今日の業界の本当の面白さはある。かつてはパドックで注目された馬に、小さな公共建築やデザイン重視の民間のプロジェクトといった次のステージが与えられ、そこで注目を集めた馬に、さらに大型の公共建築という場が与えられたのである。そのような確固としたヒエラルキーが、この業界を統制していた。しかし、今や公共建築のプロジェクト数もスケールも激減しつつある。登っていく先が消えてしまったのである。（隈 2006）

隈が指摘するように、建築家が求める住宅の次の規模の仕事の見通しが不透明になってきている。その理由として、景気の後退とそれに伴う建設投資が減少したこと、さらには、大規模な公共施設の新築が、厳しい市民の批判的な目に晒されるようになったこと、などを挙げることができる。筆者は、そうした状況を「建築家の解体」と称して、ブルデュー社会学の知見を援用することで検討した（松村 2022）。

## 2　再埋め込みフェーズにおける「顔の見える専門家」の必要性

第2章で述べたように、現在の都市空間は高度に発達したシステムに覆い尽くされており、それは利便性という表皮をまとい、我々の生活世界にも浸潤してきている。システムを駆動させるのは専門家であるが、彼らの顔は見えない。つまり匿名の専門家である。たしかに、私たちは、当たり前のように電車や飛行機に乗り、エレベーターやエスカレータを利用する。しかし、実際に、「誰が」その個別の操作をしているのか、について思いを馳せることはない。バスや電車の運転士の姿を見て、その便に乗る／乗らない、という決定を下す者はいないだろう。システムを駆動させる専門家の顔は通常は見えないし、我々も積極的に見ようとはしない。

彼らはシステムの内部において、システムを駆動させる専門家であり、顔を持たない匿名的な存在である。一方、「顔の見える専門家」は、不可視化された専門知システムへの「アクセスポイント」となることを期待される。「顔の見える専門家」として市民権を得ているのが開業医である。内科や外科などの看板を掲げて診療活動に従事する彼らを私たちは「町医者」として認知している。ちょっとした身体の不調を診てもらえる町医者は、私たちが快適で不安の無い日常生活を送るにあたって非常

に重要な存在である。(3)

専門職の中でも独立自営の業態が多く、人数も多い建築家も、町医者のような「アクセスポイント」としての機能を十分に発揮できる態勢が整っているといえる。

専門知によって駆動する高度なシステムと人々の生活をつなぐ「アクセスポイント」としての建築家には、脱埋め込み化が進行する地域の中に「コモンズ的な場所」をつくりあげていくことも期待されている。(4)

こうした専門性のあり方は、希少な専門知を排他的に独占することで報酬と威信を獲得してきた既存の専門家像とは異なる。建築家も同様に、建築に関する専門知を排他的に専有することで、クライアントに対しての優位性を高めながら、自らの専門家としての立場を守ってきた。

後期近代を特徴づける脱埋め込み／再埋め込みという終わりなきプロセスにおいて、建築家は再埋め込みのフェーズにおける、顔の見える専門家としての役割を果たせると筆者は考えている。

脱埋め込みフェーズを担うのは専門家システムであるが、再埋め込みフェーズでは人々が必要とする専門知へのアクセスポイントとなる「顔の見える専門家」が必要となる。匿名性を帯びることを宿命付けられている技術者・エンジニアが脱埋め込みフェーズを担う専門家なら、技術者・エンジニアの側面を持ちつつも、個人として発信し、個人として責任を引き受けてきた建築家は、「顔の見える専門家」としての資質を十分に有していると考えられるのである。

## 2 街場における建築の復権——拡張する職能——

### 1 フローの建築からストックの建築へ

二〇一〇年代に入ると、建築家の職能の拡張を論じる書物が増え始める。その背景には、目に見えて増えてきた空き家の存在がある。人口減少時代にあって、新築は減り続けるが、空き家は増え続ける。したがって、空き家のリノベーションを軸とした業態へと転換すれば、仕事はたくさんあるのではないか、という明快なロジックがそこでは展開されている。松村秀一は、そうした空き家のリノベーションを軸とした仕事を「場」の産業と呼んでいる。これは、新築を手掛けることを主軸としてきたそれまでの建築の仕事を「箱」の産業と呼び、それと対置された用語である。そして、松村（2013）は「場の産業」に従事する者が備えておくべき資質やスキルについて以下のようにまとめている。

①生活する場から発想する
②空間資源を発見する
③空間資源の短所を補い長所を伸ばす
④空間資源を「場」化する

⑤人と場を出会わせる
⑥経済活動の中に埋め込む
⑦生活の場として評価する

「箱の産業」としての新築物件の建設は、基本的に私的な営みである。個人が住宅という私有財産を、自らの資金を投じてつくるという私的で閉じた経済活動である。しかし、ストックとしての空き家のリノベーションを基軸とする「場の産業」と言ったとき、それは「共的」な要素を前景化させる。

日本建築学会が二〇一四年に上梓した『まち建築――まちを生かす三六のモノづくりコトづくり』（彰国社、二〇一四年）では「まち建築」という概念が提唱されている。「まち建築」とは「『建築』はモノとしての建築物だけでなく、コトとしての建築行為も意味する」（日本建築学会編 2014: 3）という。具体的には、「設計や施工のような〝つくる〟行為だけではなく、維持管理や解体などフィジカルな建築物の生涯をめぐる建築のいとなみや、まちにおける建築物の役割やあり方を価値づける建築のいとなみにまで拡張すること」（ibid: 4）であるという。こうした、建築の設計・施工に限定されない、それに付随する様々なものごとをビジネスチャンスと捉え、そこに新たな仕事を見出していこうとしている。二〇一〇年代半ばからこうした建築家の新しい職能の開拓をテーマとした本が多数出版されるようになった。

## 2　コミュニティデザイン――リノベーションまちづくり――

こうした建築家の職能拡張に際して、建築家に大きな気づきを与えたのが、山崎亮が提唱した「コミュニティデザイン」という手法である。

山崎がキャリアの初期に手掛けた案件に兵庫県三田市の「有馬富士公園」のパークマネジメントがある。山崎はこの仕事に際して、新しい遊具や設備を入れるのではなく、マネジメントという側面から、この公園の活性化に取り組んだ。既存の手法では成果をだすことを難しく悩んでいた山崎は、古本屋で購入したディズニーランドの成功の秘訣を解説した本を読み重要なことに気がついた。それはディズニーランドには、管理者とゲストの間に「キャスト」という表に出て、ゲストと交流する運営スタッフがいる、ということである。

これまでの日本の公園の仕組みは、表に出ない管理者が裏方として公園を管理して、あとはゲストがルールの範囲内で勝手に楽しむ、というものであった。たしかに、キャストがいれば、公園の楽しみ方が格段に増しそうである。とはいえ、有馬富士公園という国立の公園ではキャストを雇って配置することは難しい。そこで山崎がたどり着いた結論はキャストもゲストと同様に公園の利用者にすればよい、ということであった。そしてその公園を利用してもらえそうな様々な関連団体に声をかけてもらい、初年度には二二団体が集まったという（山崎 2011）。

山崎はこうした活動に手応えを感じつつ「公園を持続的に楽しい場所とするためには、詳細までこだわる空間のデザインだけでなく、来園者を迎え入れて一緒に楽しむプログラムを提供するコミュニティの存在が重要だと感じるようになった」（ibid: 36）と述べている。

建築家としてのキャリア形成をおこなってきた者の中で、二〇一〇年代に建築家の職能の拡張を印象付けた建築家に嶋田洋平がいる。嶋田は東京理科大学を卒業後、アトリエ系建築事務所のみかんぐみに入所し、数々の建築作品を手掛けてきた。その後独立し、設計事務所を開設するのであるが、興味深いのはその後の職能の展開である。嶋田は〈建築家界〉における卓越化を目指すための資本を持っているが、賭け金となる作品を作って〈建築家界〉で卓越化する方向には向かわなかった。その理由の一つは、二〇〇五年頃にふるさとである小倉に五年ぶりに帰省して、街の衰退ぶりにショックを受けたことである。嶋田はテナントが入らなくなった商業ビルや、衰退した街の再生に対して建築は何ができるかを考えるようになった。そこで嶋田が採った手法がリノベーションであった。嶋田はリノベーションとは「自分の手と頭を使って、自分の暮らしやまちを変えていくことだ」（嶋田 2015: 58）と述べている。

ここまで見てきたように、二〇一〇年代の建築系言説空間で盛んに語られた建築家の職能拡張論は、コモンズの設計、企画、運営にいたるまでコモンズに関わる建築家のあり方を準備したと言っても過言ではない。こうした建築家の職能の多方面への拡張が、街場の建築家の存在感を高めている。さらに、少子高齢化、空き家の増加といったネガティブな要素に対応してくれる「顔の見える専門家」として、その職能は地域のニーズとも響き合う形で、多様なコモンズを次々と具体化しているのである。続いて、具体的な事例を検討していきたい。

## 3　街場の建築家のコモニング――兵庫県宝塚市清荒神を事例に――

### 1　「住み開き」というコモニング

本章では、コモンズを自らつくり、それを運営している建築家の具体的な事例について検討していきたい。最初に検討するのは、宝塚市清荒神地区を拠点とする建築家、奥田達朗の事例である。奥田は、大学時代は建築学科ではなく、文化人類学を専攻した。フィールドワークで様々な都市や集落を巡るうちに、地域毎に特色のある住宅建築や商店建築に興味を惹かれるようになり、夜間の専門学校で建築を学び始めたという異色の経歴の持ち主である。奥田は、「居場所を育てる建築家」をもって自任する。その名乗りの由来について、建物を作って終わりにするのではなく、作った後も建物に関わることで、そこがユーザーにとってかけがえのない場所になってほしい、という思いを込めたと語る。そうした履歴を持つ奥田が兵庫県宝塚市にある清荒神という街を選んで、そこを拠点として活動を開始するのである。彼は宝塚市の出身で馴染みがあった場所ではあったが、あえて拠点として清荒神を選んだ理由として以下のように語っている。

一〇年前はこのまま商店街も無くなって、街が終わっていくんだろうなと思っていました。四〇年前は三〇〇店舗あったのが、最近は五〇店舗以下。どんどん店が潰れて単なる住宅地になるのが悲しかったです。自分がなにかできるかも、と思って設計事務所を構えて住み始めました。（二〇二一年一〇月インタビュー）

駆け出しの建築家にとって、仕事を確保するということが難しいということは、今も昔も変わらない。奥田も簡単に仕事が確保できるとは考えていなかった。〈建築家界〉とは距離をおいている奥田は、〈建築家界〉における卓越化のセオリー、つまり賭け金となる作品を作って、それを建築専門誌に載せる、ということを目指すのではなく、地域の人びとに求められる建築家になる、という方向を目指している。

まず奥田が取った行動は「住み開き」であった。「住み開き」は、二〇〇九年に文化活動家のアサダワタルが上梓した『住み開き』という著作によって人口に膾炙した。「住み開き」とは文字通り、自宅の一部を共用空間として、（開き方の度合いについては差があるが）地域に開いていくという試みである。もちろん、アサダの取り組み以前にも、そうした試みは各地で展開されていたであろうが、「住み開き」なる概念が人口に膾炙するようになったのはアサダの著作が発表されて以降であろう。

では、奥田はどのように「住み開き」を行ったのだろうか。そして、なんの目的のために「住み開き」から自らのキャリアをスタートさせたのだろうか。それについて、奥田は「まず、自分の住んでいる場所で実績を作って、そこからそれを実績としてプレゼンしようと思ったんです。」と語る。ここに奥田が、なぜ自宅の「住み開き」を実施したのか、についての理由が述べられている。まず、自宅の設計を実績とする、という語りに注目したい。駆け出しの建築家は自宅や親族の家を設計することで、それを最初の作品とすることが多い。自宅や親族の家であれば、一般のクライアントに比べると、建築家がやりたい設計をある程度許容してくれる可能性が高い。つまり、その作品（自宅や親族宅）が、〈建築家界〉において卓越化のために必要な賭け金となるのである。しかし、〈建築家界〉とは一定の距離を置く奥田にとって、建築家から高い評価を得られるような作品は必要ない。しかし、作った作品を知ってもらう必要はある。

そこで、彼がとった方法が住み開きであった。その結果はどのようなものだったのだろうか。奥田は「自宅をシェアすることで、地域に仲間がたくさんできた」と述べる。

名刺交換して、フェイスブックのアカウントを交換しても、それきりじゃないですか。僕はイベントページつくってシェアしただけなんですけど、すると、家を見てみたいから行くわ、知人が来てくれたり。それをきっかけに、その人とより仲良くなったりとか。他には設計上の工夫を分かってもらえたりすることもあります。その場に来たお客さんや、地域の人同士でも仲良くなったりしていましたね。このイ

ベントをきっかけに、参道に店を出したいから、設計してくれる？　という依頼が来ました。（二〇二一年一〇月インタビュー）

奥田の自宅カフェプロジェクトは、奥田の次の仕事に繋がっただけでなく、そこを訪れた者同士が知り合ったり、親睦を深め合ったりする場として機能していた。つづいて、奥田の自宅の住み開きのプロジェクトについて具体的にみてみよう。

自宅を開放する旨をＳＮＳにアップロードしたら、見に行きたい、という人が現れたんです。でも、（彼らと）いちいちアポイントを取るのがめんどうだったので、「カフェごっこ」をしようと思いつきました。そこで一日カフェというイベントを開催して、お客さんをＳＮＳで募集することにしました。そうすると毎回二～三〇人位来てくれたんです。僕は食事を作るのが好きなので、ランチをいろいろ試作して提供したりとか、コーヒーを入れる練習をしたりして、カフェをやりました。四季の移ろいを感じられるように、春夏秋冬、年に四度だけの実施でした。（二〇二一年一〇月インタビュー）

伝統的な日本家屋は、縁側や庭、広い玄関などが「閾」の空間として存在した。山本理顕によると「閾」とは、内部と外部を一本の線で仕切る「敷居」に対して、空間的な広がりを持った境界的な空間を指す。

しかし、奥田の住まいであった古い木造の文化住宅には、そうした「閾」の空間などはない。

空間的な「閾」が存在しないため、リビングやキッチンなど、家屋まるごとをすべて差し出す必要がある。そのかわりに、自宅を有料のカフェスペースとすることや、一年間に四回だけ開催するということ、すなわち、ルールと時間的制限を「閾」の境界としている（写真4－1）。

先述したように、このプロジェクトは功を奏し、次の仕事に繋がった。「住み開き」にはフォロワーも生まれた。園芸店に勤務する女性は自宅を開放し、自宅カフェを開催するようになった。彼女はその後独立して、清荒神地区内に園芸店をオープンすることになった。

写真4－1　長屋の住み開きの様子

出所）奥田達朗建築舎.

## 2　シェアできる空間をつくる

自宅の住み開きで手応えを得た奥田は、その後、二軒の物件の設計に着手する。一軒は、同世代の友人Hから依頼された、自宅兼シェアスペースの設計であり、もう一軒は自らの事業として手掛ける、シェアハウスである。

（自宅の住み開き依頼）いろんな仲間が出来て、もっといろんな人にこの街に住んでほしいと思うようになりました。そうしたらたまたま近所に大きい空き家があって。その空き家を見た時に僕がそこを借りていろんな人が住める場所を作るのも面白いと思って、シェアハウスを運営しようと思いました。清荒神はかまどの神様で、飲食店の経営者らが商売繁盛のためにお札を買いに来る場所なんです。でも、そのおひざ元の参道に食事をする場所がそれほど充実している感じでなかったので、僕がシェアハウス作ることで、清荒神って料理や食事が好きな人がたくさんいる街だよねってなったら、清荒神にとってもいいし、料理や食事が好きな人にとっても嬉しいことだなと思って、食に特化したシェアハウスを作りました。（二〇二一年一〇月インタビュー）

奥田が「食に特化したシェアハウス」というコンセプトで作ったこのシェアハウスは、清荒神の参道から山脇に入った住宅街にある、鉄筋コンクリート造二階建ての広い住宅をシェアハウスに改装して生まれた。一階部分のほぼすべてを、キッチンとダイニングルームとすることで、シェアハウスに暮らす住民と地域の人びとや遠方から来たゲストとも交流ができるような仕組みを整えている（写真4-2、4-3）。

シェアハウスって人が住んでしまったらそこからは、新しい人の出入りが少なくなってしまうけど、ここには、大きなキッチンもあるし、それぞれが友達を呼ぶことでいろんな交流が広がるなと思って、ゲストルームを作っています。そうすることで、こんな生き方あるんだとかこういう事考えてる人がいるんだとか、シェアハウスのなかで情報が共有されていき、地域の人、近所の人も遊びに来て、交流が生まれています。ただの家なんですけど、街に貢献してるんじゃないかなっていう自負があります。（二〇

写真４－２　友人達を招いた食のパーティーの様子

出所）奥田達朗建築舎.

写真４－３　シェアハウスの広いキッチン・ダイニングスペース

出所）奥田達朗建築舎.

二一年一〇月インタビュー）

このシェアハウスも参加型リノベーションで工事が実施されている。多くの参加者を巻き込みながら施工を実施したので、オープニングパーティーには一〇〇名を超える人びとが集ったという。

### 3　地域ぐるみのコモンズをつくる

奥田は、一般的な都市開発について違和感を覚えているという。その理由について以下のように語っている。

> 今のまちづくりというか都市開発は、街を作ってニーズを造りますよね。これからは、そうではなく、ある地域に人が集まってきて、そこに住みたいから家が必要、そこで商売がしたいから店が必要となるのがあるべき姿ではないかと思います。そういう形で結果的にまちづくりに関われたらいいなと思っています。一つ魅力的な場所作れば、私も魅力的な場所を作りたい、という連鎖が生まれたら結果的に街がよくなるよね、と思っています。（二〇二一年一〇月インタビュー）

自宅の「住み開き」で、手応えを得た奥田であったが、彼の理想は、清荒神という街にコモンズが点在しているような状況、ひいては街全体がコモンズとなるような状況を作り出すことである。はたしてそれをどのようにつくっていくのか。それについて奥田は次のように語っている。

写真４‐４　人の動きを誘発する間口のデザイン
出所）奥田達郎建築舎.

たとえ住宅だったとしても、その住宅の雰囲気が街に対してはみ出していたりとか、街の人が気軽に遊びに来られるような家づくりをしていたら、それが街の中の一つの居場所になると思うんですね。そういう居場所がいくつか増えていくことによって、自然と私の家もシェアしようか、そうやって好影響を与えていくと、結果的に街が全体としてよくなるのではないかと、思っています。（二〇二一年一〇月インタビュー）

これは、コモンズとしての設えを有する建物が増えていくことが、街を良くしていくために必要であるというニュアンスの語りである。

ここで注目したい語りは「住宅の雰囲気が街に対してはみ出している」という箇所である。これは建築的にみれば、通りに対して開口部を大きめに設ける、といった人の動きを誘発するアフォーダブルなデザインパターンの議論である。具体的な事例として、写真４‐４のような設えがわかりやすいだろう。参道から建物までのセットバックを上手に利用して、そこに縁側的な要素を組み込んでいる。（写真は、屋外でこたつを囲むイベント）こうすることで、「閾」を出現させている。

長年に渡ってアジア各地のコモンズの実査を行っている篠原聡子は、アジア各地のコモンズ調査のフィールドワークから得た調査結果と日本の集合住宅等の調査結果から得られたデータを分析して、コモンズを構成する四つの空間要素を抽出している。それは図４－１のようなものである。

奥田の実践の甲斐もあって少しずつ、清荒神という街に店が増えてきた。しかし、かつて四〇〇軒ほどあった店が五〇軒以下になっている現状は厳しいものがある。そこで奥田はいくつか実験的なことを行っている。

このままどんどん店がなくなって住宅地になったら、僕らここに住む意味ないよねって。だから、店作りだけじゃなくて店を呼ぶことが出来ないかなと思って、仲間たちと一緒にイベントを結構してました。パン屋がないから、街にパン屋みんなほしいよねって声があって。パン屋さんを呼んできてイベントをしたら、どれくらい売れるか実験してみたらパン屋さんやりたい人も清荒神で出店してくれるかなと思って、やってみたり。今はボロボロになっている地域のイベント広場を借りて、リュックサックマーケットっていうフリマみたいなこともやってみました。出展料もいらないし、予約もいらないし気軽に、

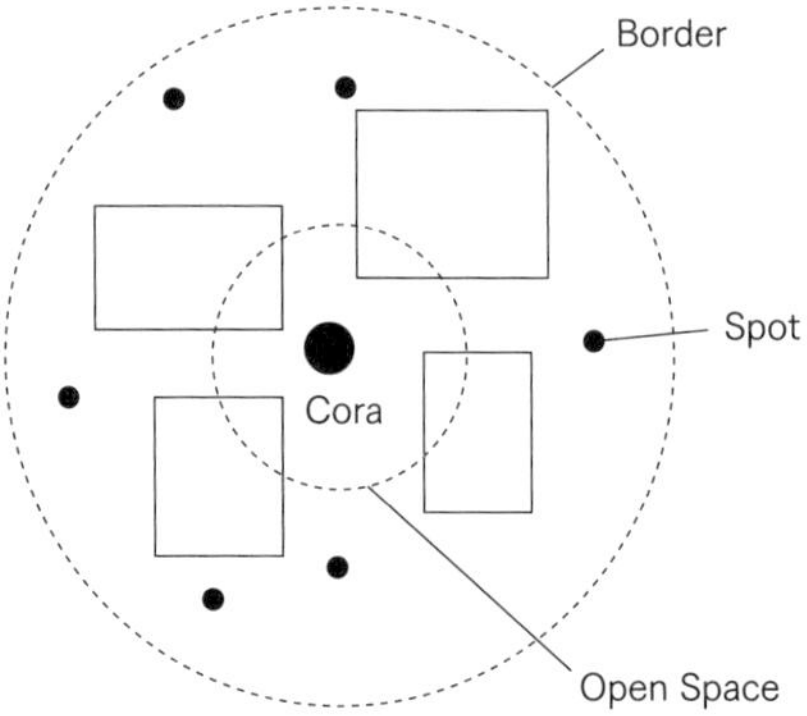


図 4 - 1　コモンズを構成する 4 つの要素
出所）篠原（2021：291）「図 3 - 6 コモンズを形づくる 4 つの空間要素」より．

| | |
|---|---|
| Core | コミュニティの中心を形成する象徴的な場所。オープンスペースと連動して、その場所をコモンズとして機能させる。 |
| Open Space | 多目的に利用できる場所。オープンスペースでの様々な活動は個人と集団と繋ぎ、コモンズの性質を形づくる。 |
| Spot | コミュニティの領域内に点在することで、個人とコモンズの関係を醸成させる。 |
| Border | コミュニティの領域内に点在することで、個人とコモンズの関係を醸成させる。 |

自分がいらないなとかいうものをつめたらそこで店を開くことが出来て、いつ行っても、いつ帰ってもいい気軽なマーケットで、それをすることで清荒神いつも何かやってるなと、あそこの広場でいつもイベントをやってるな、っていう状況を作れば面白いと思って、やってみました。（二〇二一年一〇月インタビュー）

こうした〝間接的〟に出店希望者を集める取り組みをすすめる一方、奥田は来てほしいと思う者に直接声をかけたりもする。奥田から、清荒神に来てほしいという誘いを受けて、出店することを決めたK氏は下記のように語っている。彼は、二〇一八年に清荒神地区で革細工の店をオープンしたが、元々は、同じ市内のO地区で革細工の工房とショップを営んでいた。そこが手狭になったのもあり、別の場所を探しはじめていた。清荒神にも下見に来たが、「当初は清荒神でというのは全く考えてなかったです」という。では、なぜ清荒神に店を構えることになったのだろうか。そこには、奥田の強い働きかけがあったことがわかる。

ここに住み始めたきっかけは奥田くんで。（それまで住んでいた）O地区になんか住んでないでここに住んじゃえ、と勧誘をされて。ここ（店の）奥に行けば自宅なんですけど、家の改装を手伝うからって。だから、彼がこっちに住んだら？　と言ってくれたのがきっかけで住み始めたっていうのがありますね。（二〇二二年一〇月インタビュー）

奥田の強い働きかけもあり、居住と出店を決めたK氏であるが、周囲からの根強い反対もあったという。「知人からは『こんなとこで商売できへんよ』って言われたり、清荒神の周りのお店の人からも『なんで清荒神なの？　外行きなさいよ』と忠告してくれる人がいました」という。

さらに奥田は、清荒神という街を積極的にPRする、ということもおこなっている。

建築家の奥田くんや、（彼の友人の）H君が、わけもなく「清荒神がヤバい」ってずっと言って回っていたんですよね。僕は、特に何もないのになあと思いながら見ていましたけどね。彼らが、ここはすごい街やからって、ひたすら言ってたら、まちづくりをしている面白い人たちが見に来るようになって。そういう人たちが清荒神面白いですよ、って発信もしてくださっていて。一ヶ月に何人も奥田くんやS（この店を施工した大工）がアテンドして回っていましたね。それも多分（現在清荒神が盛り上がっている）大きな要因だと思いますね。（二〇二二年一〇月インタビュー）

ここまでみたように奥田のソロ・プラクティスとして始まった清荒神地区の「再生」は多くの賛同者を生み、次々と新しい店がオープンする事態となっている。実際に清荒神地区に新しく店を構えた若者、そして古くから参道に店を構えている店主に話を聞いてみた。

二〇二二年にピザの店をはじめたC氏は、清荒神地区にある美容院で働いていたときに空き店舗を紹介され、そこでピザ屋をすることになったという。もともとは年配者が多いイメージがあった場所だが、清荒神の美容室で働き始めて、新しい店同士の連携の強さや、若い人が多く集まりつつあり、活気が生まれてきている状況に刺激を受けて、二つ返事でそのオファーを引き受けたという。

お店の人同士の横の繋がりみたいなのは強くて、先日もイベントがあったんです。普段は一七時ぐらいに閉めているのですが、その日は夜遅くまで開けて、夏祭りではないけど、そういう感じのイベントをしようとなった時に、まとめてくださる方がいたりします。自分達が思っていた以上の方が来てくれて、改めて、その時にすごい場所だなと思いました。個人のお店の強さみたいなのを感じました。（二〇二二年一〇月インタビュー）

実際に店を構えたことで感じた清荒神地区の印象の変化についてC氏に聞いてみた。

印象はめちゃくちゃ変わりました。地元は隣の駅なので小さい頃からも来ていて、ある程度知っていたんですけど、年齢層が高いイメージでしたね。お店のイメージも土産屋さんとか、遠方からきた人向けのお店だったり、飲食店も年齢層が高い人向けのイメージだったりするので。ここで働くようになってから、いろんな面白いお店があることを知りました。店だけじゃなくて、シェアハウスがあったりとか、ほんとうにイメージ変わりました。（二〇二二年一〇月インタビュー）

親の代から二代に渡って、清荒神で和菓子屋を営むD氏は、最近の清荒神の参道の変容について以下のように語っている。

一番多かったのはもっと上の世代やったのが最近そういうもう少し下の世代が増えてきました。歳を聞くわけにはいかんから若い世代の人の年齢は分からんけど、大学生とかそういう世代は来てないけど、それより上は増えてきています。そういう年代の人が来やすい店が増えてるからやと思いますね。（二〇二二年一〇月インタビュー）

既存店舗の店主の体感であるが、客層が若返り、客足も伸びていることが分かる。奥田の掲げる「街を育てる」というコンセプトは少しずつであるが確実に実を結びつつある。

## 4／異なるレイヤーに住む人びとを出会わせるコモンズ

しかし、既存店舗の店主たちと、奥田らニューカマーが同じ目線・同じ価値観を共有しているわけではない。それは街への帰属意識という観点から鑑みればわかりやすい。代々店を営むオールドカマーの多くは清荒神には居住しておらず、商売を営む適地として清荒神を位置づけている。そのため、自らのアイデンティティを育む場所、かけがえのない場所として清荒神を位置づけている奥田らとは温度差がある。

また、近年清荒神は住宅地としても注目が集まっている。それは、清荒神地区が、商店街の商店は大きく減っているものの、地域としての人口は減少していないことからも明らかである。住宅情報会社が発表している「住みたい町ランキング」の関西圏を対象とした調査結果に清荒神は登場しないものの、「住みたい沿線ランキング」には清荒神駅を含む阪急宝塚線が五位にランクインしている。隣の宝塚駅の家賃相場を3LDKのマンションで比較すると宝塚駅が一〇・三万円であるのに対して、清荒神駅の家賃相場は八・四六万円であり、二万円近く安い。こうした状況を勘案すれば、関西でも人気の沿線の中でもリーズナブルに住める「穴場」的な場所であると述べることができるだろう。こうした住宅地としての「評価」が、清荒神の人口減を食い止めているが、観光地としての清荒神商店街は衰退の一途をたどっている。商店街の店舗が次々と宅地に変わり、マンションや戸建住宅が建設されている。

こうした家賃と利便性という指標で清荒神を選んだ住民と、奥田たちプレイヤーとしての住民では、清荒神に対する帰属意識も異なる。

以上のように、清荒神という場所は、帰属意識という点で、それぞれが交わらない三層のレイヤーを構成しているのである。こうした一つの場に、住民が複数のレイヤーを構成している事例は少なくない。こうした異なるレイヤーに暮らす者同士を結びつけることは簡単ではない。コミュニティが色濃く残る下町に建ったマンションの住民が、町内会にも入らないし、地区の祭りにも関心を示さない、などといった苦言をオールドカマーの住人からしばしば耳にする。奥田や、彼の仲間たちが清荒神で展開しょうとしていることは、異なるレイヤーの人びとを包摂するような取り組みではない。あくまでも、自分たちの取り組みに共鳴してくれる人びとが集ってくれたらいいという試みである。奥田らの挑戦は、民間の私的な取り組みなので、こうした方法が誰かを排除しているという指摘はナンセンスである。

しかし、民間の取り組みでも、異なるレイヤーに住まう者同士を結びつけようとする試みもある。たとえば神戸市長田区を拠点に活動する建築家が取り組む事例である。

神戸市長田区南部の下町を拠点に活動する建築家の角野史和は空き地を活用した「おさんぽ畑」と名付けた農園を開いた。単なる貸し農園ではなく、近隣の人びとが気楽に活用できるコモンズとしての機能も持たせている。

角野はこの農園に呼びたい人びとがいるのだという。それは比較的最近できたマンションの住民である。彼らは、下町の商店街に買い物に来ることは少なく、近隣のショッピングモールに行くことが多い。そのような彼らマンション住民に、長田の下町の良さを知ってもらい、帰属意識を高めてもらうには、長田の下町を歩いてもらうことが肝要であると考えている。彼らが街に出るための、一つのきっかけとして貸し農園を作ったのである。

彼らに向けて貸し農園をアピールする際、角野はいくつかの「仕掛け」を施している。まず彼が工夫したのはビラのデザインである（写真4－5）。

ターゲットはマンション住民なんですよ。あえてちょっと商品っぽくしています。いわゆるコミュニティ菜園っぽくしてないんですよ。むしろ商品みたいな感じで。そういう人（マンション住民）たちを町に下ろしたかったので、あえてコミュニティ農園らしさを消したんですね。そうしないと来ないと思いました。結果はマンションの人も来てくれたし。社会人のギャルサークルみたいな人も来てくれて。普段こういうのに来ないような人が来てくれました。（二〇二二年一二月インタビュー）

写真4－5　レンタル菜園告知用ビラ
出所）角野史和氏提供.

角野はマンション住民に配布するビラに記載する利用料金をあえて目立たせたという。消費生活に慣れたマンション住民には、サービスの対価として一定の金額を支払うというスキームを前景化させたほうが、安心感が生じるのだという。コミュニティを前景化させると、濃密なコミュニケーションに慣れてい

写真4-6　コモンズとしての市民農園
出所）筆者撮影.

写真4-7　靴が汚れないための工夫がされた畑
出所）筆者撮影.

ないマンション住民は敬遠して来なくなるという。こうした方法は功を奏し、マンション住民を畑に呼び込むことに成功した。

角野が工夫を凝らしているのは、ビラだけではない。畑にも様々な工夫を凝らしている。長田区にはオープンになっている市民ガーデンがいくつかあったが、ここはフェンスと鍵付きの扉で囲われており、有料の貸し農園の雰囲気がある（写真4-6、4-7）。鍵を開けて中に入ると、テーブルと椅子が置いてあるスペースがあり、傍らには自販機もある。水道が使える流し台があり、農機具を格納できる資材倉庫もある。そのため、農園のオーナーは手ぶらで気軽にここへ来ることが出来る。
畑の部分は区画ごとに木でゾーニングされており、通路には大きめの砂利が敷かれている。マンション住民が多いユーザーの靴に泥が付着しないようにするという配慮である。この配慮は非常に好評を得ているという。このように、角野は街場の建築家として、コモンズを仕掛けそこが地域の人のみならず、ニューカマーたちも集まる場として成立させること、つまりコモニングに成功しているが、そこには以下のような心がけがある。

コミュニティとか言ったりせず、また、社会問題を解決するためにこれやってるんですよ、みたいなことも言わずに、淡々とやっています。土地が空いているのを利用しくするために、システムを整備するみたいな。その（コミュニティを活性化させる）ためにやってるみたいなことはあんまり出してないです。僕自身もコミュニケーションを押し付けられるとすごく引いちゃうので。それが好きな人もいるんですけどね。みんなで共同作業をしてそれがすごく楽しいっていう人もおるんだけども。そうした人びとへのサービスはわりと行き届いていて。でも、ちょっとコミュニケーションっていうのは苦手なんで、そういう場所にはよう集まらんわ、みたいな人が心を許せる場所は、あまり足りてないですね。そういう場所はちょっと意識的に作りたいなと思っています。（二〇二〇年一二月インタビュー）

角野はコミュニティという言葉を積極的に使わない。それゆえに、コミュニティデザインという言葉も使わない。自らの実践は、「コミュニケーションデザイン」であるという。本音では地域の人びとと交流したいし、触れ合いたいと思っているが遠慮してしまう、そんな住人同士を交流させるためのささやかな仕掛けをつくることが角野の仕事である。

角野はまちづくりコンサルタントという肩書も持っているが、そうした専門家だけがまちづくりを担う主体として見られていることに不満を顕にする。

> まちづくりコンサルとかって言ってるんですけど、別にまちづくりってまちづくりコンサルだけがやる仕事ではないし、行政だけがやる仕事でもないし、地域団体だけがやる仕事じゃないので。もっともっとその誰がやっても良いっていう文化を作っていったほうが、良いと思います。（二〇二〇年一二月インタビュー）

角野は長田の街のなかにコモンズ的な農園や居場所[5]を複数作り上げているが、その目的は、そうした場所での交流を契機に、長田の街に住む人に、街への帰属意識や愛着を持ってもらうことである。

## 5　コモンズをめぐるコンフリクト

奥田や角野の事例は、コモンズの創造とコモン化がうまくいった事例であるといえよう。しかし建築家によるボトムアップ型のコモンズの創造が、必ずしもうまくいくとは限らないとい事例も紹介したい。

A氏は二〇代後半の建築家である。彼は関西地方のある大都市の、自らが生まれ育った地域を盛り上げようと様々な実践を展開しようとしている。

具体的には、閉鎖された銭湯の建物を使って、イベントをしたり、空き地に農園をつくって、地域の人が気軽に集えるようにしたり、コモンズを創造する活動を実践している。

しかし、彼の活動は、地元の既存のコミュニティの支持を得られていないのである。具体的には、町内会長ら街の重鎮たちにネガティブな意味で目をつけられ、警戒される事態となっている。なぜ、こうした事態になっているのだろうか。

A氏は、関西地方のX市のY区、Z地区に生まれ育った。高等専門学校で建築を学び、大手の設計会社に入社した。その後、地元の設計事務所に就職して、現在に至っている。その事務所は建築設計だけではなく、まちづくりのコンサルタント業務もおこなっている事務所である。そこで彼は、まちづくりのノウハウを学びながら働いている。そうした仕事と並行しながら、自分が生まれ育ったZ地区におけるまちづくりの実践を進めている。

やっぱり自分が育ってきたまちでそこに貢献するっていうか、よそいってまちづくりするっていう実感がわかなかったんです。地元でしかもY区のZ地区っていうエリアはあんまり新しい人が動いているという印象がなかったので、そこでなにか町の魅力みたいなもの、面白さみたいなものを、少し広められたらって、Z地区でしようと思って。Z地区プロジェクトっていう団体を一人で勝手に立ち上げてZ地区で何かしますっていうのをずっといろんな人に言って回っているという感じです。（二〇二二年一〇月インタビュー）

つづいて、具体的に彼が取り組んでいる実践について、A氏自身の語りから紹介したい。

自分の家の改装っていうのをまず始めようと思ってそれをMプロジェクトとして位置づけています。それが最初の取り組みなんですけど、二〇一九年の一〇月ですね。三年前から活動を始めました。それをやっていたら○×温泉っていう廃銭湯を買われた方と繋がりができて、そこの活動についても一緒に考えていったって感じですね。それから、Z地区の町歩きを実施したり、○×温泉の活用をし始めたり。その向かいの空き地が使えそうやなって思っていたら、所有者さんと知り合えて活用できるっていう話になりました。雑草だらけでの土地ですが、そこをちょっと景色よくして、地域の人が交流できるような場所をつくろうかなと思っています。まず、草刈りのイベントから始めて、そこでアーティストさんとかも一緒に関わってもらいながら、地域のひとが緩く交流できるような場所になればいいなと思って。そこでイベントをやったりしていました。草刈りが終わった後は、○△芸術祭っていう芸術祭をこちらでもやらせてもらったり、現在は交流できる菜園みたいなものを作っています。（二〇二二年一〇月インタビュー）

自宅を改装し、「住み開き」からスタートするところは、O氏の事例と同じである。A氏は、自宅の住み開きに続いて、街歩き、芸術祭の開催、コミュニティ農園の実施など、コモンズの創造、コモニングと呼ぶに相応しい数々の実践を展開している。

Z市のY区は南北に長い地形であり、南側は海に面している。A氏が活動するZ地区はY区の最北部に位置している。最南部は漁師町で、南部地区は商店街が発達した地域である。そして中部から北部は住宅地である。A氏が活動しているZ地区は最北部に当たるが、基本的には閑静な住宅地である。

X市のなかでも、人口減少が著しいY区では、官民挙げてまちづくり活動が盛んに行われている。近年は民間主導のまちづくりの実践が盛んに行われている。A氏が強調するのは、市内の地区ごとの住民の気風の違いである。

同じY区でも、南側の漁師町とか商店街とか、その辺りの雰囲気とは空気感とか文化が全然ちがうなと感じますね。どちらかというなんか京都ぽい雰囲気があるなとちょっと思います。南のほうをカオス、と表現するなら、北のほうは秩序を重んじる感じですかね。南のほうだったらイベントとかお祭りとかどんどんやるっていう印象があるのですが。北に行くとそれがない。用途が住宅地なんで静かに暮らしたいという風にみんな考えているのかな、とは思いますけどね。（二〇二二年一〇月インタビュー）

戦前はX市の中でも最も多い人口を擁していたY区であるが、今では市の中でも最も人口減少が進んでいる地域であり、地元商店街の衰退や、地域コミュニティの衰退という状況が空き家や空き店舗の増加という形で顕在化している。こうした状況を南部の人びとは危機として捉え、外部の人びとが積極的に街づくりにコミットしてくれることを歓迎している。しかし、A氏が活動している北部のZ地区は、彼によればそうした開放的な雰囲気がない、という。たしかに、Z地区は住宅地であり、そこに暮らす人びとは、基本的には静かな住環境を求めているのだろう、ということは想像に難くない。

成功している事例として取り上げた清荒神地区の奥田の取り組みも、A氏の取り組みも、それぞれ建築家によるコモンズ作りという活動として把握できる。ところが、奥田氏と異なりA氏の取り組みが、今のところ成果を出すに至っていない。その理由として、これらの事例から読み解けることは、地域との相性である。奥田が活動している清荒神地区や、Y区における南部地域は住宅地でもあるが、商店街が発達しており、人の流れが比較的活発な場所である。二つ目は、既存の住民の生活の場を守ることを第一義に掲げているところと、新しく外部から移住者を招き入れながら、地域を盛り上げていきたいという、方向性とのミスマッチである。Z地区は、その地区に昔から住み続けている住人が、穏やかに幸福に暮らせたらいいというのが基本路線であり、派手なイベントや大々的な活性化策を外部のコンサルタントや建築家などから提案されることを迷惑に感じている。(6) 一方の清荒神地区は、門前町の商店街ということで、古くから人の出入りが活発な地域であるため、新しい人びとが外部から入ってくることに抵抗感が少ない、という違いがある。人口が減少し空き家が多いという状況であっても、必ずしもその空き家が「フロー」としての資源に転化できるとは限らない。空き家を外部の人びとが活用し、街に変化をもたらしていくことを好まない地域もあるということである。その辺りの見極めは、活動してみないとわからないところがあり、決して容易ではない。

注

（1）イギリスから招聘された建築家ジョサイア・コンドルの指導の下、辰野金吾、曾根達蔵、片山東熊、佐立七次郎らが日本人最初のアーキテクトとして一八七九（明治一二）年に工部大学校から輩出された。

（2）建築家・建築士の資格制度をめぐる顚末については、（速水 2011）に詳しい。

（3）最近、街なかに設置されている個人経営の医院・クリニックの看板に担当医の顔写真が掲載されていることが増えた。こうした傾向は文字通り「顔の見える専門家」としての役割が一層必要とされていることの証左であろう。

（4） カナダの地理学者エドワード・レルフは、「現代において場所とは取り換え可能な地点に過ぎず、環境の脱神聖化と脱象徴化が進んできたということは否定できない」（Relph 1976＝1991: 165）と述べ、任意の一点がどこでも原点となりうるような数学的トポロジーによって場所が規定されていくことへの違和感を表明している。彼はそれに対抗するものとして「本物の場所のセンス」という言葉を使う。それは人々が家庭、故郷、国に対して抱くフィールであり、それはアイデンティティの重要なよりどころであることを強調している。しかしながら現実は以下のようにレルフが述べるようにその事実を踏まえた街づくりや都市計画はほとんどなされていないのである。

（5） 角野は農園の他にも、アーティスト・イン・レジデンスが実践できる場所など、長田区内に複数のコモンズ的な場所をプロデュースしている。

（6） Z地区コミュニティセンター、センター長へのインタビュー調査より。

# 第5章

# コモンズからの問題提起
## ——資本主義への抵抗地としてのコモンズ——

## 1　コモンズの射程

前章において、街場の建築家によるコモン化の実践についてみてきた。それは私的空間に共的な要素をビルトインすることで、コモンズとする実践であった。そうした私的空間の共的なアップデートについて、建築家が自らの事業として実践するものと、建築家がユーザーの実践を、空間の改変を通じて手助けするという両方の試みについて具体的な事例を挙げつつ検討してきた。

すでに議論してきたが、既存の空間を自由に解釈し、創意工夫を凝らしながら、そこをコモンズとして活用している事例は枚挙にいとまがない。しかしながら、本書は既存の建築空間を住みこなしたり、使いこなしたりする、といったユーザーの創意工夫や実践にはあまり価値を見いださない。なぜなら、そうした創意工夫や実践を過度に評価することは、既存の建築空間の不備を隠蔽してしまう契機を孕んでいるからである。すでに述べたように、コモンズが公共性やコミュニティといった概念と一線を画するのは、そこが必ずモノや場所、空間を媒介としているという点であった。だからこそ、本書では、ユーザーの積極的な空間への関与を重視している。

本書では、とりわけ、街場の建築家が主導する、あるいは彼らを活用するコモンズの実践について取り上げている。

第4章で取り上げたコモンズ／コモニングの事例は、「無いなら創ろう」という意図から生まれたものである。お仕着せの空間に従属しながら暮らすのではなく、自分たちが心地良いと思う空間を自ら創造していこうという明確な意志の下に展開されている取り組みが、第4章で取り上げた街場の建築家のコモンズ創造の実践、コモンニングであった。彼らの実践の核の一つが、建築中の現場を公開したり、そこに希望者を参加させたりする、という試みである。住むことと、建てることが乖離して久しい現代社会にあって、建てることを共有する機会は極めて少ない。現代人の多くは自宅の床下や天井裏、壁の後ろがどうなっているのかについて、ほとんど何も知らないのではないだろうか。街場の建築家の実践は、こうした不可視化された住宅／建築の裏側を見せてくれるだけではなく、それが自分たちの暮らしの実践と「地続き」であることを示唆してくれるのである。

さらに、彼らは後期近代という時代に生きる「顔の見える専門家」として、高度なシステムと市井の人びとをつなぐインターフェイスとなることもできている。

本章で取り上げるコモンズの事例も基本は、第4章でとりあげた事例と同様に、「無いなら創ろう」という意図から生み出されたものであるが、そこに、行き過ぎた資本主義社会への批判的なメッセージが込められている点において、前章の事例とは少し性格が異なっている。その批判の矛先は、商業主義的な大規模開発、資本による土地や建物の専有、囲い込みといった状況に向けられている。

彼らがコモンズを創造し、そこに人びとが集い、交流し、幸福度を高めていくことは、既存の資本主義的な都市空間や開発の方法に対する鋭い批判として機能するだけではなく、オルタナティブな実践を人びとに対して広く提示する契機となるのである。

本章は、こうした視点からコモンズ創造／コモニングに取り組んでいる、三人の建築家・大工の事例を参照する。神戸市を拠点にユニークな活動を続ける西村周治と、京都市を拠点に多様なＤＩＹの実践を行う山口純の取り組みを参照する。また、実際に造るという過程を参加者と共有する「参加型リノベーション」に積極的に取り組む〝大工〟の野崎将太の現場を、筆者自ら参加した様子を交えて描写する。

最後に在野の思想家として活動する高橋真矢の提唱する〝ベーシックスペース〟という概念をたたき台とし、人間の生存基盤としての住居の重要性について、総括的に考えてみたい。

# 2／都市の私有・空間の私有を問い直すコモンズ

## 1　廃屋建築家の問題意識

西村は自らを「廃屋建築家」と称している。西村いわく「不動産屋が見向きもしない物件」を買い取っては、日々それを改修している。まともに住めるようになった物件は賃貸に回したり、そこを必要とする人びとに無料や格安の家賃で住まわせたりしている。状態が悪かったり、規模が大きかったりした物件は、一帯をイベントスペースとして活用するなどしている。

そもそも西村が、自身が廃屋と呼ぶ状態の悪い不動産に親しむようになったきっかけは学生時代の体験にある。大学で建築を学んだ西村であったが、地方都市の芸術大学出身では、なかなか大手の設計事務所や有名建築家のアトリエ事務所に就職することは難しい。大学を卒業した西村はラーメン店の店員をはじめ、様々なアルバイトを転々とする日々を送るようになる。しかし、その生活は決して楽ではなく、必然的に住める場所も極めて限られていたという。

あんまり働かないから月に七万くらいしか稼げない。とにかくお金がないから、どうやったらお金がなくても生活できるかって考えていました。当時、大学の先輩が、市場を再生するという仕事をしていました。何人かの学生と一緒に、市場に点々とする空き家を改装するっていう仕事です。そこに手伝いに入ったら、ボロボロの廃屋だけど、一軒家が一万五千円で借りられると言われました。神戸駅から徒歩一〇分いかないところですね。そこを見つけてこれを直そうかと。それがきっかけで廃屋を直し始めました。（二〇二一年一〇月インタビュー）

破格の賃料で借りることになった空き家であるが、状態は推して知るべし、である。その空き家の状態は以下のようなものであった。

二階の床が抜けていたので、自分で貼ったりしていました。電気も引き込みまではあったんですけど、知識がないから、電気は近所の電気工事士のおじさんに無償でやってもらって。そのかわりに彼が酒を飲んで帰れなくなった時などは、泊っていいよという条件でした。ガスは諦めました。水道は自分で。電気は負荷がかかって落ちるので、電子レンジと電気ストーブを使ったらショートする状態。ノウハウは一切ないけど、とりあえずこんな感じだったら行けるかなというのを、生きるために必要な環境というのを手探りで作っていました。（二〇二一年一〇月インタビュー）

西村は金が無いからより多く稼ぐ、という方向性ではなく、無いなら無いなりに暮らせるように工夫をするという方向性を選んだ。自宅に足りないものは基本的に自作することで補いつつ、仲間とモノやサービスを互いに融通し合いながら不足を補い合う生活をしていた。

とにかくお金がない。近所の家はトイレがなくて、キッチンがある。うちはトイレがあってキッチンがない。だから近所にご飯食べに行って、お風呂に行って、うちはトイレのために使う人がいる。それぞれの家の機能が欠落しているがゆえに、シェアせざるを得ないみたいな環境でしたね。(二〇二一年一〇月インタビュー)

しかし、そうしたDIYとシェアエコノミーが機能していた素朴な生活の場所も、ある日突然終わりを迎えることになる。

ある日地上げ屋さんがやってきて、全体をマンションに建て替えるので、出て行ってくださいと言われたんですよ。皆が熱を入れて家を作っていたのにもかかわらず。せっかく、学生の有志たちが集まって、そこが良くなりましたって言ってもね。色んなものがお金によって動かされていることがよく分かりました。不動産というものにどういう価値があって、どういう心理で回っているか現実を知りました。(二〇二一年一〇月インタビュー)

仲間たちと一緒に、時間と手間をかけて育てた住処と場所を奪われた西村は、怒りを覚えつつ、泣く泣くその場を去った。しかし、それが彼の闘争心に火をつけた。西村は生活の場が資本に収奪されないための具体的な戦略を考え始めた。古い商店街があれば、丸ごとディベロッパーに買い占められないように、その土地の一部に立地する空き家を買うといった〝抵抗〟を実践していた。

学生時代に状態の悪い空き家を直しながら暮らすという生活を送ったことで、そうした空き家に親しみを覚えるようになった西村は、積極的に状態の悪い空き家を購入しては修繕するといったことを行うようになった。西村の取り組みは次第に業界内で知られるようになり、西村のもとには、売るに売れない物件を抱えた不動産屋が相談に訪れるようなったという。

それらの多くが、壁が一部崩れていたり屋根に穴が空いていたり、といった西村の言うところの〝廃屋〟である。そうした状態の悪い建物であっても立地がよければ、すぐに買い手が付く。しかし、それは建築（上モノ）ではなく土地が目的である。第2章で述べたように、不動産は土地で価格が決まり、土地の価値は利便性で決まる。西村が紹介される物件の多くは、電車やバスなどの公共交通機関の駅から遠い、道が狭く車が入れない、急な坂道が多い、近くにスーパーやコンビニが無い、などといった「条件不利地域」に位置している。しかし、西村はそうした場所にこそ可能性があると語る。

活動を続けていくと、神戸市内にはスポット的に廃屋化しているエリアがあるんだという事実が分かるようになってきました。例えば、急な階段の上にある建物とか、細い路地とかにある建物は、改装業者さんとかで直せないわけですね。それで、どうしようもないから、どんどん廃屋化している場所が神戸に限らず、どこでもあると思うんです。僕は、そこに可能性を感じて、全体が空いているところは、全体を大きく場所を変えられると感じています。（二〇二一年一〇月インタビュー）

西村は「条件不利地域」に位置している廃屋に積極的な価値を見出している。そうした場所は複数の空き家がまとまって位置し〝エリア〟を形成しているため、〝面的〟な統一感を出しやすいからである。そうした方法は一件の住宅をリノベーションするよりもインパクトが大きいのである。それでは、西村の具体的な実践については、次節で詳しく見ていくことにする。

## 2　土地は誰のものか

これまでみてきたような西村の実践は、土地を私有し、それが投機の対象となることに対する素朴で根源的な違和感である。建築家の坂口恭平は、こうした違和感を言葉にしている。

だいたい土地を所有したい人など、本当にいるのか？　僕には、家賃を払うのがもったいないから、それなら買おうかという話になっているようにしか見えない。そもそも家賃を払わないといけないというのも、あんまり合法的とは思えない。冷静に考えたら、土地はもともと誰のものでもないはずなのに……、と子どもみたいなことを考える。（坂口 2011: 63）

坂口は、それが子どもみたいな思考であるといいながら、「土地はもともと誰のものでもない」というラディカルで本質的な主張を述べている。本章で紹介する事例を実践する者たちは、おそらくこうした素朴な疑問をずっと抱き続けてきたのと思われる。

チンピラみたいな人が来て、その人に売却して建物建てる人にまた売却されると、そこが一億円になる、その人が不動産会社に売るときに一億五千万になり、不動産会社が賃貸会社に売却して何億になるという世界ですね。そこに愛はあるんだろうかと。（二〇二一年一〇月インタビュー）

ここで西村が〝愛〟と表現しているものの中に、西村の活動の源泉の全てが含まれているといえる。それは、仲間や家族への愛、場所への愛、建物への愛、隣人愛、地域への愛、など無数に挙げることができるが、要するにそれらは、市場で売り買いできないものである。だからこそ、西村の違和感は土地の価格差に向けられる。

僕が今住んでいるところが平米三八〇〇円で、東京銀座は平米二七〇〇〇万っていうすごい土地の値段の高低差があるんですね、日本国内で。この価格差ってめちゃくちゃ違和感を感じます。同じ土と空気の上に建物が構成されているだけなのに全然値段が違う。めちゃくちゃ気持ち悪い。銀座に比べて僕が住んでいるところが安いのか？　そんな安くない、もっと価値つけられると可能性感じて、仕事をしてい

ます。（二〇二一年一〇月インタビュー）

その場所に暮らしている人がどれだけ幸福／不幸であっても、土地の価格とは関係がない。土地の価格は、需要と共有で決まり、立地・利便性という関数で決まる。市場経済が張り巡らされている現代社会においては、あらゆるモノやサービスに価格が付けられ、市場で取り引きされる。

ランドスケープデザイナーで遠野に在住している田瀬理夫は、西村佳哲との対談の中で、土地というのは本来的に、個人の所有対象にするべきものではないし、その制度はいまの時代にも合致していない」（西村 2013: 61）と述べ、これからは「所有を超えて使っていくやり方をつくり出してゆくことになると思う。いまは建物を建てるための土地を買わないと自由にできないけれど、ただ使いたいまわりの土地については借りればいい」（ibid: 64）という持論を展開しているが、こうした土地の私有をめぐる違和感や、解決方法などは西村の議論とも響き合う。

## 3　廃屋を改装したコモンズとコモニング

### 1　村をつくる

最初に紹介するのは、「バイソン」という名称がつけられた場所である。名前の由来は、ここの地名

「梅元町」に村をつくる、というコンセプトから名付けられている。「バイソン」が位置するのは神戸市内である。三宮や元町といった神戸の中心市街地から、バスや車であれば一五分～二〇分程度でたどり着くことができる場所である。しかし、電車の駅は無く、公共交通機関はバスのみである、という点や、幹線道路から傾斜の急な坂道を登りきった先にあるというアクセスの悪さ等が嫌われ、空き家の多い地域となっている。「バイソン」は、そうした街区の一画にある、九軒の空き家を要する〝村〟の名称である（写真5－1）。

写真5－1　バイソン
出所）筆者撮影.

廃屋を改修して住めるようにする、と一口にいっても、この「バイソン」の物件は、多少の手直しで住めるような状態の物件ではなかった。長年放置された結果、屋根には大きな穴が空いて、空が見える状態になっている物件もある。そうした状態で長年放置されていたため、雨水が容赦なく屋内に流れ込んでしまっていた。畳はたっぷりと水を吸って、い草と土が混ざり合って人工の土壌のような状態になっている。そこは虫たちの豊穣な孵卵器となっており、裏返すとたくさんの幼虫が住み着いていた。

水分を含んで、大人が四人がかりでも持ち上げるのに支障

写真５－２　改修中のバイソンの空き家①
出所）筆者撮影.

をきたすほどの重さがある畳を取り除くと、本来あるはずの床板が存在しない。腐って抜け落ちているのである。床板を支える根太《ねだ》だけがかろうじて残っている状態である。建物を支える柱も、その多くは腐ってしまっており、シロアリによって食い荒らされている。

腐ってしまった柱は新しい柱に取り替え、穴が空いた屋根は新品の下地板から貼り直す修理をするなど、地道な改修作業が続いた。「バイソン」には車を乗り入れることができないため、建築資材や工具は基本的に職人たちが人力で運ぶのである。何百回と資材を積んだトラックと現場を往復する地道な作業によって改修は進められていった（写真５－２）。

バイソンは、そこに使われている建材にもこだわりがある。大きな開口部に入れる巨大なガラスはマンションのモデルルームで使用されていたものである。その他、フローリングや什器なども、建物の解体現場からの貰い受けたリサイクル品が多い。また西村の物件では、基本的にブロック塀が取り払われている、という点も特徴的だ。一昔前の住宅にはブロック塀はつきものであった。

日本の家ってブロック塀が多いのも問題ですね。自分と人の境界線を、すごく強固に守ろうとする傾向にあるんですね。あれもめちゃくちゃ違和感があって。このストリートのブロックはいま全部壊しています。（二〇二一年一一月インタビュー）

西村も述べているように、ブロック塀は自分の土地を守ろうとする心性が具現化されたもの、と言ってもよいだろう。明確にウチとソトを区分することが人びとの安心感を担保したのである。壁に守られた安心感は、住人にとっては明るさを、通りを歩く人にとっては、圧迫感と倒壊の危険性というリスクを負わせることになる（写真５－３）。

バイソンの工事は、二〇二〇年に始まった。西村が率いる西村組が工事に携わっているが、そこに集っている者が常時二〇～三〇名ほどが所属し、様々な工事や作業に従事している。コロナで職が無くなった在日外国人や若者、一日だけのアルバイトなど、様々な人びとを様々なかたちで受け入れている。

ＤＩＹはチームでやっています。ミュージシャンとか、絵描きとか、カフェ経営者とかそういう人たちが、遊びに来て、ワイワイして一緒に物作っていく感じです。僕がこの仕事を最初にスタートしたのは長屋（の改装）なんですけど、長屋を改装してその近くに仲間たちがいっぱいいたんですけど、そういう人たちにサポートされて自分の活動が出来ていました。そういう人たちで学歴とか関係なく、飲んだくれのおじさんとかもいるんですけど、生きる力はめっちゃ持っていたんです。そういう人たちが近くにいることで自分もじゃあ家直そうか、電気さわろうとか、とか思うようになりました。（二〇二一年一一月インタビュー）

写真5-3　ブロック塀が取り除かれた空き家
出所）筆者撮影.

すでにいくつかの建物が完成し、すでに入居者もいる「バイソン」であるが、そこにはどのような人びとが暮らしているのだろうか。

ここには、絵描きさんが居ます。あとお金を使わないで生活したい人。家賃取ってないので。色んな個性的なメンバーが入居しています。アーティストが多いので中心にギャラリーがあって、そこで展示できるようになっています。あとシェアハウスも建設します。全部廃材でつくっています。キッチンのカウンターとか。（二〇二一年一一月インタビュー）

家賃を支払って暮らしている者もいるが、極めて廉価な家賃設定である。西村組の仕事を手伝うことで家賃が無料になるという〝プラン〟もある。とはいえ、労働強度の高い仕事が与えられるのではなく、希望者の体力や能力に応じた仕事で良いという。

現在、西村は、誰もが用を足したい時に立ち寄れるように、〝公衆トイレ〟を「バイソン」の中に造っているという。また、近い将来の計画として、〝公衆浴場〟を造りたいと夢を語る。住人でなくても、気軽に立ち寄れて、「バイソン」の様々な資源を利用できるようにすること、それこそが西村が思い描く「バイソン」の理想形態である。

つづいて紹介するのは、「バラックリン」である。こちらも西村のプロジェクトである。「バイソン」よりもさらに条件の悪い場所に立地している。神戸市内を見下ろす六甲山系の急峻な斜面に立地しており、道幅も狭隘であり、車が入ることができないエリアである。西村はこの場所の再生のポイントについて以下のように語っている。

ここは本当に神戸の中でも人気がないエリアで、地域全体が廃墟のような状態になっています。昔はあそこは絶対行っちゃだめだと、親に注意されるような場所でした。こういう場所は普通に改装しても、やっぱり住む人がいないから、変化球をいれないといけないと思って、実験的にアーティストにタダで貸して作品制作に使ってもらえるような場所にしました。（二〇二一年一一月インタビュー）

筆者もこの場所を何度もイベントに参加するために訪れている。そのたびに、来客に話を聞くのであるが、神戸に住んでいる者でも、「神戸にこんな場所があるとは知らなかった」「はじめて来た」と

写真５－４　「バラックリン」でのイベントの様子

出所）筆者撮影.

いう声が多い。

このように〝スティグマ化〟された場所を、再生するために、西村がとった方法は、アートの活用である。アートはネガティブな条件をその力に変えることができる数少ない方法である。たとえば、瀬戸内国際芸術祭の舞台ともなっている香川県の豊島の事例がそうだ。豊島はかつて産業廃棄物の不法投棄で荒れ果てた島であった。そうした状況は大きな社会問題と化し、産廃は撤去された。二〇一〇年には建築家西沢立衛による豊島美術館がオープンし、現在は世界的に知名度のある美術館となっている。西村はアートを活用したり、イベントを打ったりすることで集客し、徐々に人びとがこの場所を知ってもらおうとしている（写真５－４）。そうすることで、ゆくゆくは複数の人びとが居住することで、〝村〟として復活してほしいと考えている。

ほとんど人が寄り付かない場所にひっそりと存在する空き家も、イベント時はとても賑やかになる。DJがプレイする大音量の音楽が響き渡り、あちこちで食事が振る舞われたり、出し物が上演されたりしている。

西村の活動の原動力は、学生時代に感じた、土地を巡って繰り広げられた資本主義の〝暴力〟とでもいえる状況を目の当たりにしたことである。自分たちが貧しいなりにも工夫して、楽しく暮らしていたところに、「そこは私が買った土地だから出ていって下さい。」と言われ、出ていかざるを得なくなるという理不尽を嫌というほど味わった。

先述した西村が手掛ける二つのコモンズ、すなわち「バラックリン」と「バイソン」は、そこを利用したい人に無料、もしくは格安の家賃や利用料で提供しようとする施設である。

こうした試みは資本主義社会への抵抗の実践でもある。西村も、バラックリンにギャラリーを設置したり、大人数を動員するイベントを開催したりして積極的に人を呼び込もうとしている。その理由は、バラックリンの設計思想を広く人びとに知ってもらうためであり、ひいては土地や建物を投機の対象とすることへの気づきを得てほしいという目的があるからである。

## 4　自律的建築とコモンズ

### 1　ターナーの自律住居システム

京都市を拠点に活動する建築家山口純は、京都市内の某所にコモンズとしての居場所を創造し、生活と生産を結びつける諸実践を展開している。山口の実践のバックグラウンドにあるのが、イギリスの建築家ジョン・F・C・ターナー（John F. C. Turner）の提唱する「自律的住居システム（autonomous housing system）」という住居理論である。「自律的住居システム」とは居住者やそのコミュニティが自らの価値基準に沿って計画・建設・管理する居住環境を自己決定する思想である。「自律的住居システム」に対置されるのが「他律型住居システム」であり、こちらは彼は行政主導のもとに画一的な基準で計画・建設・管理される公共住宅のあり方である（山口 2016）。

ターナーが「自律的住居システム」に価値を見出すようになったのは、仕事で関わったペルーのスラム街の人びとのインフォーマルな居住実践に着目したことであった。ターナーは「スクォッターなどのインフォーマルな居住地に積極的な価値を認め、これを問題というより解決として見なすようになった」（山口 2016: 181）のである。ターナーがこうした見解にたどり着いた理由は、ユーザーの自助努力に基づく自力建設は、ユーザーの居住に対する要求をストレートに反映したものであるからである。

ターナーが前提とするのは居住者の社会的、経済的、そして文化的なニーズと条件の多様性である。セルフ・ヘルプによる住居は居住者自らの意思決定に依拠しており、そのため居住者の個々のユーザーのニーズが直截的に反映される。

さらに山口は、ターナーが「自律的住居システム」と「他律的住居システム」の対比において、前者をユーザーが「何をするか」によって規定される動詞としての住居、後者は住居が「何であるか」

によって規定される名詞としての住居として対比させていることに着目している。

### 2　本町エスコーラ

山口は、京都で「本町エスコーラ」という場所を仲間と共に運営している。「本町エスコーラ」とは、京都市にある、八件の長屋と広場から構成されているスペースである。それらは住居、アトリエ、オフィス、コミュニティスペース等として使用されている（シュミットほか 2018: 201）。山口は、建築に限らず、衣服や靴も自作するなど生活の多くにＤＩＹ的な要素を取り入れている。本町エスコーラには「自律的建築」、「自律的インフラ」というコンセプトがあり、それは以下のようなものであるという。

「自律的建築」とは、自分たちの生活環境を自分たちの価値観に準じて自分たちでデザインしようというものです。自律というのは、社会的な環境だけによって成り立つのではなく、人間以外の自然やモノの環境との関わりのなかで成り立ちます。わたしたちは、自分たちの価値観に準じた生活環境や生活基盤のデザインを通すことで、自分たちの価値観を探究することができると考えています。具体的にはエスコーラでは、ＤＩＹワークショップによる建物の改修などを行ってきました。この、自らの生活基盤は自分たちでつくろうというのが「自律的インフラ」です。
(ibid: 209)

山口はこのように述べているが、ＤＩＹによって建物にも積極的に手を入れていく「本町エスコーラ」の実践は、本書で述べているコモニングそのものである。その思想の背景にあるのは、本書でも参照してきた、住宅が人びとを分断し共的な活動から疎外していく状況への違和感である。こうした住宅のあり方が人びとから自律性を奪っていったと述べている。したがって、自律性を取り戻すには建築空間を改変していく必要があるのだが、山口はそれについて以下のように語っている。

では、人の自律のための建築は、どのようにすれば可能なのでしょうか。空間的には、私的領域と公的領域の間の中間領域の存在がコミュニティの自律のために求められます。そして建築が生み出されるプロセスについて言えば、居住者自らが（あるいはそのコミュニティが）デザインするということが求められると考えています。（ibid: 211）

山口は「本町エスコーラ」という場所を通して目指しているのは「自分たちの生活環境や生活基盤を自分たちの価値観に準じて自分たちで構築することを通じて、コンヴィヴィアルな社会をつくること」（ibid: 211）であると述べている。コンヴィヴィアルとは、イリイチの概念であるが、翻訳書では、自立共生という日本語訳が当てられている（Illich 1973＝2015）。

## 5　コモンズ創造の現場を体感する

### 1　リノベーションワークショップへの参加

ここでは、筆者が参加したある現場のリノベーションワークショップの様子を報告しながら、その内実を検討していきたい。

事例となる現場は、すでに登場した宝塚市清荒神である。廃業した生花店を革製品の小物を扱うショップと工房へとリノベーションする案件である。イベント開催日の二週間前くらいにFacebookで告知される。参加希望者は、「参加ボタン」を押すことで参加を表明することになっている。また、地元の人びとや、通りすがりの人びとを呼び込むための、お知らせの案内表示も設置されている。

ある現場の施工時には、参道にブルーシートを敷いて、大きな文字で「左官ワークショップ中!!」「清荒神のNew Spotみんなでつくっています!!」「ちょっとひと塗りしませんか？」と書かれ、道行く人々にアピールしている（写真5－5）。

こうした案内表示をみて、実際に飛び込みで手伝いに来る人も稀にいるが、こうした表示の目的は、地域の人々への周知という意味合いが強い。

イベント概要には午前一〇時から作業開始とあったので、一五分前に現場に到着した（写真5－6）。

写真5‐5　左官ワークショップを知らせるサイン

出所）奥田達郎建築舎.

現場にはすでに一〇人ほどの若者が集っており、作業の開始を待っていた。

程なくして、当日の現場を取り仕切る設計施工集団のチームKのメンバーで（当時）ある野崎将太によって、当日の作業の流れが説明された。

当日の中心的な作業は、一階部分の壁面にモルタルを塗り込んでいく作業である。モルタルとは砂とセメントと水とを練り混ぜて作る建築材料であり、壁面に塗布する他は、レンガやブロックを接着する材料としても使われているものである。モルタルを壁に塗りつけていく作業の前に、モルタルそのものをつくるところから始める。袋から粉状のセメントをバケツに適量入れ、水を加えそれを錬るとペースト状のモルタルが出来上がる。それを壁に塗りつけていくのである。早速モルタルの作り方について野崎の実演を交えた説明が始まった（写真5‐7）。

野崎は近くに居た一人の参加者を指名して、セメントが入ったバケツに水を注入させた。

「僕がストップって言うまで水を入れてください。」

指名された参加者は言われたとおり、少しずつ水を入れる。

「とりあえずオッケー。」

「ではこれを今から混ぜていきますね」そう述べると、次に電動攪拌機の取扱の説明に移る。

「トリガーを押すと回ります。押したままこのボタンを押すと回転がキープできます。もう一度押すと解除です。結構指が疲れるからこのボタンを押したままにしたほうがいいですね。」

写真5-6　施工ワークショップの会場

出所）筆者撮影.

「それから、足でバケツを押さえてください。そうしないとバケツも一緒に回ってしまうんで。あと、二人一組でやったら早いです。」などと野崎は確認するような口調でコツを語る。

「今、混ざっているんだけど、バケツの底にまだまだ固まっているので、プロペラを当てて、こそぎ落としてください。」

野崎は電動攪拌機を激しく回転させてみせる。「タオルで拭けばとれますから」と飛沫が飛び散るのも気にしないでひたすら、攪拌機を構えて、バケツの中のモルタルを攪拌する野崎。バケツの中のモルタルは随分、ヨーグルトのような粘度になったことが目視できた。

「こうやってしっかり混ぜてください。柔らかさなんですが、水が多すぎるとベチャベチャになる。でも硬すぎると仕上がりが悪くなるんです。この硬さは、耳たぶの硬さとか、二の腕の硬さとかなんて言うんですけどね。ベストの硬さがあるのでやてみる。その日の気温や湿度で材料の固まるスピードがいろいろなんで、今日はこれくらいかな、というものがある。

プロの左官屋さんは、硬さの目安について、液中でプロペラを回転させたとき、ヘリコプターのプロペラが回転する音になれば完璧やいうんですけどね。まあヘリのプロペラの音ってどんなんや？って思うけど。」野崎の軽妙な語り口の解説がつづく。

写真5-7　参加者にモルタルの練り方を説明する野崎

出所）筆者撮影．

「じゃあ、順番にやってみて」と野崎が声をかけ、彼を取り巻いている参加者が一人ずつ体験していく。彼らの体験を眺めているうちに筆者の順番が来た。予想したよりも機材が重い。プロ仕様の工作器具は見た目よりもずっしりとした重さを感じる。攪拌機はスティック型の掃除機に近い大きさで、先端にプロペラが付いている。右手の人差し指以外の指でグリップを握りこみ、人差し指をトリガーにあてがう。トリガーを押し込むことで速度を調整できるようになっている。左手は本体から直角に飛び出したバーを持つ。右手の人差し指に少し力を入れるだけで、先端のプロペラがギューンと音立てて回転を始める。両足でバケツを挟むのを忘れていて、バケツが回転し中身が飛び出しそうになる。咄嗟に、両足で挟み込む事なきを得る。

機材の重さに加えて、プロペラが回転する遠心力と、それが攪拌する粘度の高いモルタルの重さが相俟って、かなりの負担が両腕に来る。しかも、バケツの底の方から、上の方までまんべんなく攪拌してやる必要があり、これが相当の重労働なのである。そうしなければ均質な粘度を持つペーストが出来ないのでひたすら頑張るしかない。重たい機材を粘度の高いペーストの中で攪拌することは相当の筋力を使う。五分くらい混ぜ続けてようやく、「耳たぶ」の硬さのペーストが仕上がった。

## 2　左官を体験

ペーストが完成すると次は、それを壁に塗っていく作業である。野崎が参加者を前に説明を始める「これが左官ゴテ、こっちがコテ板。コテ板にペーストを乗せます。だいたいこれくらい。たくさん乗せると重たいし、塗りにくい。」「こっちが手前」野崎は板の角を面取りした部分を指す。「身体に当たっても痛くないように面取りしてます。」

「左官というのは、左利きの人も右手でやります。なんで左官っていうかというと、常に壁の左上から仕上げていくからです。たとえば下から作業を始めていくと、仕上がった下の部分に上の作業でミスしたしずくなどが落ちてくると、またやり直す必要があるからです。それは要領が悪いですよね。だから左上からスタートしてどんどん下におろしていく。端の隙間は、しっかり材料を乗せてからスーッと引っ張ってください。ケーキに生クリームを乗せるみたいに。とにかくしっかり隙間を埋めてください。」攪拌の時と同様に、矢継ぎ早に「コツ」を述べていく。

「では次に、コテ板からコテにペーストを乗せるコツを言いますね。まず、奥の部分に刃を立てて、材料を切る。手を向こうに返して、乗せる。」

切る・塗る、切る・塗る。と繰り返す。

「仕上げはできるだけキレイにコテ目を横に流していきましょう。こんな感じ。」野崎はそう言いながら実際にやってみせる。

「仕上げる時、コテに余分なモルタルが付いていたら、キレイに仕上がらない。だから、コテとコテ板を常にキレイにしておくこと。」

一通り説明を受けた後は、各自それぞれが作業に入る。壁の前に六人が横一列に並んで、自分の持ち場にモルタルを塗りつけていく(写真5 - 8)。

筆者は、これで三度目の左官作業だったので、馴れているつもりであった。左手にモルタルペーストを乗せてもらうと、ずっしりとした重みを感じる。右手に持ったコテを板に対して垂直に下ろしぺーストを切る。そして、その手を向こう側に返すと、コテにペーストが乗っている状態になる。それを一気に塗りつける。力を入れすぎると塗面を削ってしまい、下地が露わになってしまう。ところが、適切に力を入れないと、ペーストの塊が壁面に盛り上がってしまう。

全ての神経を右手に集中して、適度な力加減を全力で探り当てようとする。二度、三度塗っていくうちに、ようやくそれがつかめてきた。「この感じ」、という感覚が摑めてきた。しかし、今度は、ペーストを切る・手を返す、という基本動作が疎かになってきた。その証拠にだんだんとコテが汚れていくのがわかる。塗る作業に集中しすぎて、それ以外の作業が疎かになってきたのである。また、バランスが良いとは言えない脚立の上で立っての作業であるため、ふくらはぎの筋肉がかなりのスピードで疲労してくるのがわかる。すると足に意識が向いてしまうのである。そうすると、今度はせっかくコツを摑めてきた塗りの作業が雑になってくる。右手、左手、両足に注意を払いつつ、作業を行っていく。ようやくそれら一連の動作がバラバラでは無く、統一された一連の動作を繰り返して感覚を摑めてきた頃、昼休憩となった。時計を見ると一三時である。

写真5-8　左官ワークショップの様子
出所）筆者撮影.

写真5-9　ワークショップでのランチの様子

出所）筆者撮影.

参加型リノベーションの現場は、参加者に施主からランチが振る舞われることも多い。今回のメニューはカレーライスであった。カレーライスは現場飯の定番である。発泡スチロール製のカレー皿に人数分のカレーライスが盛り付けられ、参加者は、材木と脚立を使った即席のベンチや、工具箱の上に座って、食事の態勢に入った。

ここで、施主から、参加者に対してねぎらいの言葉がかけられ、次に食前の祈りが始まった。

「父よ、あなたのいつくしみに感謝してこの食事をいただきます。

ここに用意されたものを祝福し、わたしたちの心と体を支える糧《かて》としてください。わたしたちの主イエス・キリストによって。アーメン。」

「アーメン」

参加者皆で復唱する。

そうだ、施主はクリスチャンだったな、と思い出し、私も、少し遅れて復唱した。

食事込みで休憩が一時間ほどある。それぞれ初対面のメンバー同士が、挨拶を交わしたり、すでに顔見知りの者同士が旧交を温めるなどしている。こうした参加型のリノベーションの現場には、少数ながら固定のファンがいて、彼らは、各地で開催されるこうしたイベントに参加し続けている。この現場にも、筆者とは旧知の間柄のそうしたファンの女性がいて、再会を喜びあった。

こうしたワークショップに参加すると、建物は道具と材料があれば作れる、という基本的な事実を身をもって理解することができる。もちろん、それに加えて知識・技術も必要だ。そこは、プロに頼むなり自分が学ぶなりすればよい。重要なのは、建物の構造や仕組み、それが作られていくプロセスを追いかけていくことである。建物を業者から買うと、そうした部分が見えなくなる。それは無用な恐れに繋がり、不具合は自分で直そうと試みず、金で解決しようとするようになる。

筆者が現場で顔見知りになった主婦は、このようなイベントに参加しているうちに、少しずつ技術を身に着け、いまでは棚やテーブルなども自作できるようになっているという。こうした参加型リノベーションは、建てることを再び住人・ユーザーの側に取り戻させてくれる契機でもある。

## 6　ベーシックスペースとしてのコモンズ

近年、社会的排除と居住の貧困の関連性が重視されるようになってきている。居住福祉を研究する全泓奎は「社会的排除の問題は健康、教育、住居、雇用、物質的貧困など多次元的な貧困によってもたらされる問題」（全 2015: 27）であるにもかかわらず、多くの国における社会的排除問題への対処は雇用問題に偏る傾向があると述べている。それが問題である理由として全は、住居／居住をめぐる問題は社会的排除と大きな関連性があると述べ、住居を以下のように位置づける。

まず、住居は「社会的包摂（social inclusion）に資することができる。つまり安全で安定した住居は、健康で文化的な最低限度の生活を営むための第一の条件であり、人々はそこから家族、地域社会、あるいはより広範な社会との繋がりを拡大させながら、社会参加を果たすことができるのである。ところが住居は、逆の意味で、「社会的排除（social exclusion）」を導く原因にもなり得る。

（全 2015: 32）

全はこのように述べ、居住の貧困が社会的排除の原因でもあり、結果でもあり得るという。全の議論は、貧困ラインに位置する人びとを対象としたものであり、また、広く諸外国の事例も対象としている。したがって、劣悪な住環境が引き起こす疾患について、細かく論じられている。生存をおびやかすレベルでの居住の貧困は早急に対処がなされるべきであることはいうまでもない。しかし、諸外国に比べて生存や健康がおびやかされるレベルの劣悪な居住環境に置かれている人は極めて少ないだろう。

とはいえ、日本においても「居住弱者」に向けて整備された公営住宅は質・量ともに十分であるとは言い難い。こうした状況については早川和男ら居住福祉学の研究者が警鐘を鳴らし続けてきた（早川 1979）。

社会福祉の現場からも住居の貧困や居場所のなさについて厳しい問題提起の声があげられてきた。その声が大きくなり始めたのは、「ネットカフェ難民」という言葉が人口に膾炙してからであろう。「ネットカフェ難民」は派遣切りなどに遭った非正規雇用者が、一夜の寝床を求めて、二四時間営業のインターネットカフェや漫画喫茶で寝泊まりしている人びとを指した用語であり、二〇〇七年の流行語大賞にも選ばれている。

稲葉剛はこうした状況を総称して「ハウジングプア」という概念を提出している。「ハウジングプア」とは非正規雇用労働者など、ワーキングプアの人びとが、病気や怪我などによって休業を余儀なくされ、住む場所を失ってしまう問題である。そして、その背景にあるのは国の住宅政策の貧困があると主張する（稲葉 2009）。

社会的弱者の居住支援に取り組む芝田淳は「住まいは、様々なものの『基盤』である。住まいがあってはじめて日常生活の営みが可能となり、地域との交わりや就労といった社会参加も行うことができる」（芝田 2022: 3）と述べている。

このように居住を社会福祉の根幹に位置づけていこうという地道な取り組みが少しずつ市民権を得てきている一方で、居住が社会的弱者だけではなく、全ての人の幸福に資する基盤であるという認識に則って、一歩踏み込んだ提案をする者も現れてきている。

在野の思想家として活動している高橋真矢は、「ベーシックスペース」という概念を提唱している。ベーシックスペースとは何か。それは、脱資本主義的な経済のあり方を考える営みの中から生み出された人間が人間らしく生きていくための方法論である。

高橋はすべての人が恩恵を受ける経済のあり方として、三つのベーシックを提唱している。それらは、ベーシックスペース、ベーシックジョブ、ベーシックインカムである。この三つのワードのなかで、最も人口に膾炙しているのはベーシックインカムであろう。ベーシックインカムとは近年、少しずつ導入をめぐる議論が活発化している社会保障制度の一つの考え方であり「全ての人が生活に必要な所得を無条件で得られる権利」（山森 2009: 21）のことである。

高橋のベーシックスペースのアイデアは、すでにとりあげた、西村の問題意識と響き合う。つまり、土地や建物など、人間の生存に不可欠で重要なものが、投機の対象となっていることに対する強烈な違和感である。

高橋のアイデアは以下のようなものである。まず、持ち主が利活用の方法がわからず、持て余している空き家を地方自治体や国が買い取る。地方自治体が買い取る場合は国が財政支援などを行う。そうした買い取った物件を、民間の管理運営会社に委託し、無料か、安価で希望者に貸し出しを行うというものである（高橋 2021: 189）。

こうした議論を鑑みれば、居住福祉の取り組みとも響鳴する。第1章でも確認したように、日本の住宅政策は、個人の持ち家を推奨するものであり、公営住宅を充実させる方向性には進まなかった。つまり一定の収入を得て、家族を持つという〝標準的な〟ライフコースを歩める者に照準した政策である。そのため、そこに該当しない者たち、とりわけ貧困層は、住宅政策から取り残される形になっている。

高橋の掲げるベーシックスペースという概念は、高橋の著作のなかでベーシックインカムと併記されていることからわかるように、その概念の背景にあるのは社会福祉・居住福祉的な思想である。しかし、高橋の議論で強調されているのは、住宅や居場所といった空間へのユーザーの積極的な関与である。

「私たち」の住宅や場所を自ら能動的に「作る」という発想に、私たち自身が馴染んでいない。しかし、それぞれのアイデアや願いが反映され、建築という目に見える形で現れてきたらどうか。そしてそれが後に続く世代にも「見られる」と考えればどうか。そこには心地よい責任感と誇りが生まれるのではないか。（松尾ほか 2021: 283）

ユーザーが空間に積極的に働きかけ、自らの場所を造っていくことが重要であるという高橋の議論は、本書のテーマであるコモンズ／コモニングと響き合うものである。そこは生活困窮者を収容するシェルターではない。ベーシックスペースの根底にあるのは、人間の尊厳である。人間の尊厳は安心して住み着く場所を確保することで担保される。

現在の都市住宅は、そのルーツをたどれば人権意識が希薄であった時代の産物であると言わざるを得ない。すでに確認したように、現代の都市住宅のルーツは、工業化社会へと移行していく西欧において、都市に住む工場労働者の専用住宅として企画・設計されたものだ。そこに課せられた使命は、労働力の再生産であり、不必要な機能は切り捨てられた。それは何も前世紀の遺物ではない。自ら不安定ワーカーとして働く高橋は、自ら工場労働者として寮生活を送った住経験を以下のように語っている。

> 私はかつて深夜の工場で働いていたことがあったが、工場の敷地内には遠方から単身赴任で来ていた社員のための寮が設置されていた。食事は工場内の食堂で食べ、労働を終えると寮に帰り寝る。福利厚生で住宅費は軽減され、通勤時間もなく大変に好待遇である。とはまったく思えなかった。生活が労働だけに特化され、「機能的過ぎる」からだ。生活のために働くのですらない。働くために生活しているのだ。（高橋 2021: 279）

経営は合理化・効率化が再優先課題であることは言うまでもない。したがって、最小のコストで最大の成果を上げられるように労働者を管理するのは当然と言われたらそうだ。

こうした空間の多くは単身者を対象にしているが、そこは、極論すれば、他者と出会わないように設計されている。労働者同士が団結してストライキでも起こされると困る、という恐れを経営者が深刻に抱いているとは思えない。そのような設計には、労働者のプライバシーを守ってやろうと、「良かれと思って」施されている可能性があるのだ。しかし、高橋がハンナ・アレントの言葉を引きながら述べるように、私的＝privateという単語は「欠如」という意味を含有している。では、何が欠如しているのか？　それは家族や仲間とモノや時間を分かち合う、という人間の根源的な行為である。現代に生きる人びとは、一人で居ることが、家族や仲間と分かち合うことの欠如であるにもかかわらず、それが自由であると曲解している、とも言える。

本章でとりあげた西村、山口らが取り組んでいる実践は高橋のいうベーシックスペースを創造していく実践であるとも言えるだろう。彼らの場は、仲間とつくり、仲間と交流し、仲間と暮らす場であり、そこを使う者に存在論的安心感を与える。もちろん、実態はそれほど単純ではないだろうが、コモンズを有する人びとの暮らしが、それを持たない人びとの暮らしよりも、柔軟で多様であり、レジリエントであるということを示唆するものでもある。

冒頭で参照した西村が中心となって造っている「バイソン」「バラックリン」は、本書のテーマであるコモンズであり、西村の取り組みがコモニングそのものである。第1章と第2章で確認したように、

〈住宅からの疎外〉と〈住宅への疎外〉という状況は、私的空間、公的空間の失調によって生じている。私的空間と公的空間の一部に共的な空間が本来はあったはずである。それはネグリ・ハートも述べるように、ますます見えにくくなっている。

〈共〉は私たちの周りのいたるところにあるにもかかわらず、今日の支配的なイデオロギーに目を曇らされているため、きわめて見えにくい。この数十年というもの、世界中の国々では新自由主義的政策をとる政府によって〈共〉の民営化〔＝私有化〕が進んでおり、情報やアイデア、さらには動植物の種にいたる文化的生産物までもが私有財産となっている。私たちは多くの人びとと声をあわせ、そうした民営化〔＝私有化〕に反対する。だが標準的な見方によれば、私的なものに代わるのは唯一、公的なものだとされる。それは国家やその他の行政機関による管理運営と規制を意味しており、まるで〈共〉は不適切ないしはすでに絶滅したものとみなされている。

（Hardt and Negri 2011＝2012: 15）

居住は人間にとって、生存の基盤をなすものである。それだけでなく、人びとの幸福な暮らしに資する重要な要素でもある。その一方で、現代社会において、住宅を含む建物や土地は、市場で取り引きされる不動産という「財」である。

西村周治が取り扱うのは、現代の資本主義システムを支える市場経済のロジックによって、無価値であると認定され、放逐されてしまった土地や建物である。しかし、それらは資本主義システムにおける交換価値というフィクショナルな価値を持たなくなっただけであり、その使用価値は、手直しをすればいくらでも再生できるのである。

彼らがコモンズを創造し、そこに人びとが集い、交流し、幸福度を高めていくことで、既存の資本主義的な都市空間や開発の方法に対する批判だけにとどまらず、オルタナティブな実践を人びとに対して提示するのである。

# 終　章

# 愛されるコモンズをつくるために

## 1　建物への隷属を乗り越える

すでに述べたように、コモンズとは、そもそも薪炭を得るための雑木林や、川や湖沼などの漁場、家畜に食ませるための牧草地など、人びとの自給自足的な生活を支えてくれるための場所のことである。そうした場所＝コモンズは、もともとそこにある天然資源であり、そこをいかに公平に活用していくか、枯渇させないように維持していくか、といった課題が前景化される。

しかし、すでにみてきたように本書ではこうした類のコモンズは議論の対象とはしていない。主題とするのは都市のコモンズである。都市のコモンズは、誰かがそこを作ることではじめて生み出されるものである。行政など公的機関が作ることもあれば、個人が作ることもある。しかし、すでにみてきたように、公的機関がコモンズとして提供してきた場所、すなわち公園やオープンスペース、公共施設等は、その多くが機能不全に陥っている。

もっとも、行政はこうした状況を問題視しており、新しく計画される公共施設には積極的にコモンズ的要素を取り入れようとしている。しかし、その数はまだ少ないのが現状である。

そうした、公的機関によるコモンズの創造を待つ間に、個人が様々な場所で建物の一部や土地などといった私有財産をコモンズ化するという状況が、空間への働きかけをともないながら活発化している。本書の議論においては、この空間への働きかけ、という部分が重要である。

自宅の一部の部屋を使って習い事の教室にしたり、キッチンを共有スペースにして子ども食堂にしたりする、などといった試みは以前から実践されてきた。筆者が見たことがある事例は、団地の部屋を使った子ども食堂である。すでに確認したとおり、団地の間取りは典型的なnLDKタイプであり、空間的な余裕は一切無い。家族以外のメンバーが入れる余地などほとんどないのだ。それでも、入れ替わり立ち替わり多くの子どもたちがそこを利用していた。

筆者が生まれ育った県営住宅は六畳ほどのダイニングキッチンの部屋を中心として、六畳、四・五畳、三畳という部屋が配置された3DKであった。家族で四人がそこで暮らしていた。小学生当時、筆者家族が暮らす団地に遊びに来た祖母が開口一番、「まあ、こんな狭いところによう住んどるなあ」と感嘆の声を上げたことを今でも鮮明に覚えている。たしかに、祖母の家（母の実家）は、家内制手工業の小さな手袋工場も兼ねていたので、とても大きな日本家屋であった。だからこそ、なおさらわが家の狭さに驚愕したのであろう。

筆者らが暮らした団地は、一九七〇年代初頭に建設された。そこには、団地生活に憧れを抱いた団塊世代の子育て世帯が一斉に入居した。そのため、親世代も子の世代も、ほぼ同世代であり、とても仲が良かった。子どもの誕生日には近所の人びとを家に招いた誕生会が開かれた。また、月に一度のペースで誰かの家に集まっては宴会が開催された。わが家で開催される場合には、六畳のダイニングキッチンにあるダイニングセットを片付けて、六畳間のリビングルームとの間に長い座卓を置き、二つの部屋を一体として使う、ということをやっていた。子どもたちは、男女別、年齢別に二つの子ども部屋に散った。男子は四・五畳の部屋に集まってゲームをする、女子は三畳間に集まって人形遊びをするなど、年齢や性別に応じて部屋に分かれて遊んでいた。

このように狭い団地の室内でも、その気になれば、家具の配置によって自由に空間を改変出来るし、多くの人を招いた宴会も出来る。第1章でも確認したように、そうした住宅の拘束性を乗り越えていくような実践については、建築学や社会学において盛んに研究されてきた。そうした研究は往々にして、建物を設計した建築家の意図を超えていくようなユーザーの実践を称揚する。場所の拘束性や限定性にユーザーのクリエイティビティが打ち勝ったと言わんばかりである。

ときに、社会学者はそうした実践事例を集めて建築家の設計の浅はかさを批判し、建築家も、そうした実践を評価をしながら、自己批判を繰り広げる。たしかに、人びとが創意工夫を凝らして、限定された空間を住みこなしていることは称賛に値する。空間を新たに設えるのではなく、限定された空間を工夫をこらして豊かに分かち合う実践こそがコモニングではないのか、という批判の声が聞こえてきそうである。たしかに、かつて筆者の自宅で催されていた「宴会」はコモニングであろう。

しかし、本書はそうした既存の空間に従属するかたちで展開されるコモンズではなく、積極的に空間にも関与していくタイプのコモンズのあり方、コモニングについての議論を中心に据えた。

八〇〇万戸を超える家屋が空き家となっている現在、その利活用がこれまでになく求められ、多様な模索が繰り広げられている。そうした背景もあって、地域活性化は一時的なブームではなく、持続性を持った大きなうねりとなり、様々なプレイヤーがそこに参画している。ここでいうプレイヤーとは、業種は問わないが自らの意志で、持てる技術や知識を地域活性化のために使っていこうとする人びとのことである。そのなかには、本書で中心的にとりあげている街場の建築家も含まれている。

つまり、既存の空間に従属しつつ、創意工夫を駆使しながらそこを使いこなすという段階から、コモンズにふさわしい空間をユーザー自身が創造していく、という段階に入ってきたのである。しかし、第1章で確認したように、私たちはここ五〇年ほどの間に、住むことを建てることから切り離し、建てることを外部化した。その結果、商品と化した住宅は使用価値よりも交換価値が前景化されるようになった。商品として市場に流通させるには、規格化されることは重要だ。だからこそｎＬＤＫというスタイルは踏襲され続ける(1)。

そろそろユーザーが空間に手を加えて、コモンズにふさわしい建築空間に仕上げていくという実践が市民権を得ていく時期に入りつつあるのではないか。しかし、建築の専門家ではない一般のユーザー単独でそうした試みを実践していくのは、まだハードルが高い。そこで登場するのが街場の建築家である。彼らは「顔の見える専門家」として存在感を増している。後期近代という時代を生きる我々は、生活インフラの大部分を高度に専門的なシステムに頼らざるを得ない。その内部は完全にブラックボックスであり、素人がそのメカニズムを推し量ることは困難である。そうしたシステムが生活世界にまで浸潤してきている現在、「街場の建築家」はシステムの側に吸収されていく住宅・建物といったハードを、人びとの手に引き戻す役割を担う。歴史が示してきたように、nLDKの呪縛を乗り越えることは簡単ではない。したがってより多くの人びとがより豊かな住宅空間を確保できる、という状況はすぐにはやってこない。そこで求められるのが共的な空間としてのコモンズである。本書でも取り上げた清荒神地区のように、コモンズとして開放されている場所が増えている地域に、高感度な人びとが集まりつつある。街の人気度を決めるいくつかの要素の中に、〝コモンズの豊かさ〟という項目が入ることもそう遠くないかもしれない。

## 2 「重すぎる」住宅の弊害

ここまでの議論で、筆者は拘束的な住宅の間取りに隷属するライフスタイルからの転換、さらに閉塞感を強めていく公的空間の限界を乗り越えるための有力な実践として、共的な空間＝コモンズの創造について、具体的な事例を紹介しながら検討してきた。住宅についてはとりわけ、nLDK批判を展開してきた。それはパンデミックという未曾有の危機のなかで〈住宅からの疎外〉という悲劇を生み、人々を戸惑わせた。一方、コミュニティの弱体化と公共空間からの人びとの締め出しは〈住宅への疎外〉を招き寄せ、住宅への引きこもりを促していった。

これらを問い直す議論のなかで、触れてこなかったことが「住宅が重すぎる」という問題意識である。それは〈住宅への疎外〉についての議論でも触れたように、住宅が家具や家電等を溜め込みすぎているという事実に加えて、「重装備」であると言える。

この三〇年の間に、日本は二度の大地震を経験しているため、住宅にも高いレベルの安全性（とりわけ耐震性能）が求められ、人びとも住宅に安全性をこれまで以上に期待するようになっている。そうしたユーザーのニーズを見込んで、住宅メーカーのCMは耐震・防災性能を高めていることをアピールする内容のものが多い。省エネも以前から人気のキーワードであるが、近年の環境意識の高まりを受けて再浮上している。たとえば東京都は、地球温暖化防止対策の一貫として、二〇二五年に向けて、新築住宅に再生可能エネルギー設備の設置を義務化するという案を打ち出している。この案が可決すれば、住宅メーカーは太陽光パネルを実装した住宅を販売することが主流になっていくだろう。

もちろん、住宅の屋根を効果的に活用することは脱炭素化等グローバルなエネルギーの効率化に資する。屋根に太陽光パネルを設置するのは、そのための一つの有効な手段であるだろう。ただ、こうした案件もふくめて、住宅に多くを背負わせていくことの是非については、活発な議論がなされるべきだろう。

第2章でも述べたが、筆者が長年暮らした住宅は、風呂は無くトイレもキッチン、炊事場も洗濯機も共用であった。風呂は銭湯に行き、たまにコインランドリーに洗濯しにいったりもした。昼食は近所の大学の学食で済ませ、夜も近くの安価な食堂に食べに行くことが多かった。研究や勉強は大学図書館を利用していた。残念ながらその生活は、その家が取り壊されることになったため終わりを迎えた。現在は、住宅街にある1LDKのマンションに暮らしているが、生活は大きく変わった。まず、休日に近所を散歩することがなくなった。気軽に訪れることができる場所がほとんど無いため、買い物以外で外に出ることがほとんど無くなった。

筆者が暮らす街には次々と分譲マンションが建設され、通りを歩く人が年々増加している。しかし、通りをゆったりと遊歩する人は少なく、皆忙しそうに早足で通り過ぎる。彼らは互いに視線を交わす

 こともなく、皆スマートフォンに目を落としつつ歩いているか、まっすぐ前を睨みつけながら歩いているかのどちらである。

ここに住み始めて一〇年近くが過ぎたが、マンションの住民と会話を交わしたことはまだ二、三回しかない。筆者の部屋の隣人はおそらく三回は入れ替わっているだろうが、最初の家族を除いて、引っ越しの挨拶に来られることもなかったし、また廊下ですれ違うこともないので、どのような人が住んでいるのか未だにわからない。

ランドスケープデザイナーの田瀬理夫は、「マンションに人が住んでも、コミュニティが形成されるわけでもなく、あれは集合住宅というよりただの『住宅集合』ですよね」（西村 2013: 149）と述べているがまさに至言である。その住宅は山本理顕がいうような「一住宅＝一家族」という孤立した住宅である。孤立した住宅がどれほど集積してもコミュニティの発生といった化学反応はおこらない。むしろそうしたかたちの住宅の集積は田瀬曰く、「都市の環境に負担ばかりかけていく」（西村 2013: 149）のである。

筆者も暮らす集合住宅≒住宅集合が都市の環境に負担をかけているとすれば、負担をかけない（集合）住宅のあり方とはどのようなものなのだろうか。

## 3　住宅を軽くする

筆者は、都市に負担をかけない住宅のあり方は、「住宅を軽くする」ことであると考える。住宅を軽くし、街をフルに活用するのである。住宅を軽くする、というのは、ここでは住宅から様々な機能を取り外していくこと、と定義したい。

まずは自宅から風呂場を無くしてみる、というのはどうだろうか。物理的に設置されている風呂場を取り外すことは難しいので、自宅の風呂を使わない、という試みの提案である。もちろん、筆者のように自宅に風呂が無いという生活を長年続けたことのある人のほうが圧倒的に少数派だろうし、多くの人がこうした提案に少なからず抵抗を示すだろうことは想像に難くない。

また、こうした実践に取り組むには、地域に銭湯や温浴施設が存在している必要があるし、銭湯が休みの際や、体調不良の際に備えてシャワーブースくらいは設置しても良いだろう。

筆者は、風呂が無かった下宿から、小さいながらも風呂がある現在のマンションに移り住んだ後も、地域のスポーツクラブの風呂を利用している。そのため、自宅の風呂を利用するのは週に一度のスポーツクラブの休館日だけである。風呂があるといっても、小さな賃貸マンション風呂は、最低限度の設備としての風呂である。湯船と洗い場が設置されているが、狭く圧迫感のある極小空間である。以前、閉所が苦手な友人が泊まりに来た際、彼はその風呂に入れなかった。

こうした風呂の存在が生活の質を上げているとは思えない。しかし、一週間のうち六日入っているスポーツクラブの風呂は筆者の生活の質を著しく向上させている。極論すれば、筆者の自宅マンションから風呂場を撤去してもらっても、全く不都合は感じないのである。ただ、自宅の機能を絞るということは、街にそれを代替する機能が具体的な場所＝施設として存在している必要がある。

そうした施設が揃っている地域がある。そこはいわゆる下町とよばれる地域である。

筆者は研究やプライベートで神戸市長田区によく出かける。長田区は神戸市の中でも下町の雰囲気をよく残している地域であり、銭湯も多く残っている。筆者もよく訪れるある銭湯は、待合スペースで飲食が可能であり、名物のおでんを食べることもできる。銭湯の周辺にはたくさんの居酒屋や食堂があり、名物のお好み焼き店をはじめ、そのバリエーションも豊かである。先日、学生に長田区の風呂の無い住宅に一週間宿泊し、銭湯を利用する生活を体験してもらった。筆者の予想に反して、その生活は学生には好評であった。

朝は近所の喫茶店で三〇〇円のモーニングを食べてから大学に登校し授業を受け、夕方に長田の家に帰り、着替えを持って銭湯に向かう。風呂から上がった後は、銭湯の近くの〝町中華〟や食堂で近所の人たちと一緒に夕食を楽しむという生活を送っていたようである。

もちろん、一週間という限られた期間での試みであるので、〝気分転換にちょうど良かったのでは〟、

〝長く住めば不便を感じて風呂付きの自宅が恋しくなるのだろう〟といった意見もあるだろう。しかし、その学生は、銭湯のある生活が気に入り、今でも頻繁に長田に宿泊し、銭湯のある生活を楽しんでいるのも事実である。

先程も述べたように、街を活用するには、街の中に気軽に集えるコモンズが存在しなければならない。長田には、銭湯をはじめ、気軽に訪れることができるコモンズがいくつもある。そうした場所では、住宅を軽くし（風呂の無い住宅も多いのですでに軽い）、街を活用する暮らしを送ることが可能である。結果的に街を活用する人が多いので、銭湯も街の食堂も多くが生き残っている。そうした住宅の機能を外部化する生活システムが生きているのである。

## 4／住宅の設備を街につくる

住宅を軽くすることの条件は、住宅に付随している機能を担う街の施設（コモンズ）が存在しているということである。しかし、下町の雰囲気が色濃く残っている場所を除けば、そうした住宅の機能を担うコモンズが点在している場所は少ない。しかし、プレイヤーによるコモニングが少しずつ活性化している現在、そうした場所をつくっていこうという試みが各地で繰り広げられている。それでは、住宅の機能ごとに、それらを外部化するような事例を概観してみたい。まずはキッチンである。

写真１　喫茶ランドリー
出所）筆者撮影.

近年、シェアキッチンというワードを聞くことが増えた。第4章で取り上げた清荒神の事例では、奥田が設計/施工し、運営するシェアハウスには大きなキッチンスペースがあった。そこは、地域の住民の人びとや外から来たゲストも利用することができる。奥田が設計した、清荒神の別の物件にも、シェアキッチンが備え付けられている。そこはチャレンジショップ的な位置づけで、イベントごとに様々な人びとがそのキッチンを、自慢の料理や酒を提供するために活用している。自宅に客を招いて料理を振る舞うのは、パーティ文化の希薄な日本人には若干ハードルが高い。しかし、シェアキッチンを借りてそこで料理を振る舞う、という実践は誘う方も誘われる方も、自宅を使うよりも気が楽である。そうしたニーズに支えられてシェアキッチンの人気が高まっている。

東京都墨田区の下町にある喫茶ランドリーは、「まちの家事室」を標榜している（写真1）。乾燥機、洗濯機やミシンやアイロンが備えられている。公式ウェブサイトには「まちに暮らすあまねく人々に来ていただける「私設公民館」のような場所になれば、という想いのもとにつくられた」と記載されている。(2) 筆者も実際にそこを訪れ、コーヒーを飲みながらひとときを過ごしたが、地域の人たちが徒歩や自転車で次々と店にやってきて、それぞれの時間を過ごしているのが印象的であった。都心のカフェとは異なり、普段着で来ている家族連れや、休日のお父さんがスウェット姿で〝ママチャリ〟に乗ってくる、という日常生活と地続きの風景が見られた。

店主の田中元子氏は「マイパブリック」という概念を唱えている。田中氏によれば「マイパブリック」とは〝自分で作る公共〟のことであるという（田中 2017: 20）。喫茶ランドリーは田中氏の哲学を体現した場所となっている。

「家事室」が街にあるなら、風呂はどうだろうか？　スーパー銭湯のような大規模の業態でなければ新しくつくることは難しいのだろうか。サウナであれば少資本の個人やグループでも作ろうと試みている者が筆者の周りにも何人かいる。しかし、風呂となれば大量の湯を沸かすためのボイラー等の高額な設備機械を導入する必要もあり、サウナよりも、超えなければならないハードルは高いであろうことは容易に想像できる。

熊本県熊本市の「神水公衆浴場」は自宅の風呂を銭湯にした事例である。施主は構造設計者として活動する夫婦である。二〇一六年の熊本地震で被災した経験から、地域への貢献の一環として自宅の風呂を銭湯として開放することを決めたのだという。(3)

写真２　インフラスタンド
出所）高橋真里奈氏撮影.

また、民間レベルで公衆トイレをつくってしまった事例もある。埼玉県所沢市にある「インフラスタンド」と名付けられた〝公共トイレ〟である。公園などにある公衆トイレであれば設置主体は行政であるが、「インフラスタンド」は民設民営である。設置したのは、埼玉県所沢市で水道工事業を営む設備業者である。設計したのは所沢市を拠点に活動する建築家高橋真里奈氏である。トイレ内部は広々としており、おむつ替え台も設置されているし、おむつや生理用品も無償で利用できる(4)。

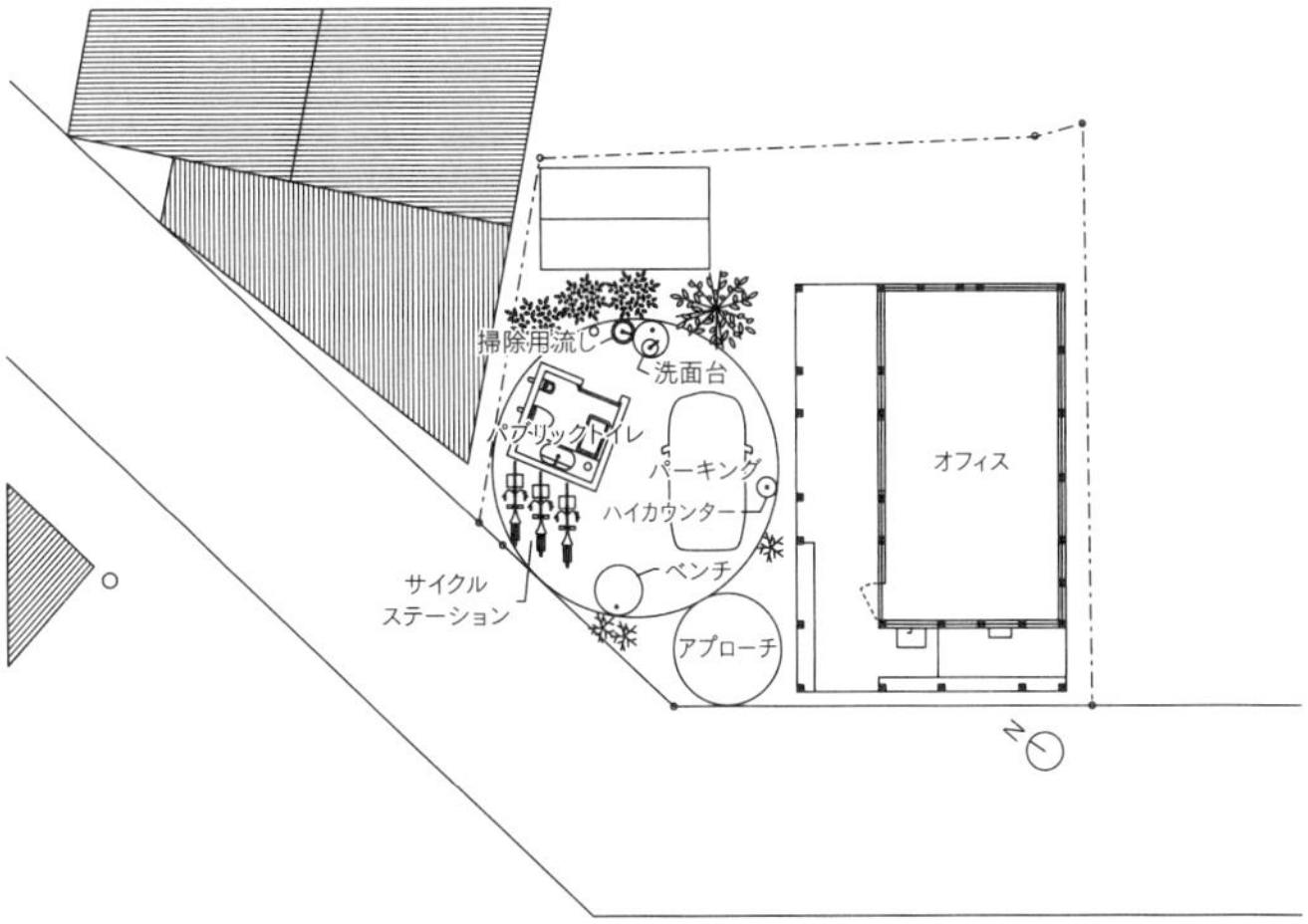


図1 インフラスタンドの図面
出所）高橋真里奈氏作成.

「インフラスタンド」はトイレとしての機能だけではなく、サイクルステーション、手洗い、ベンチ、ハイカウンターを設け、人びとがそこに集って様々なアクティビティが行えるような要素を仕掛けている。外観は巨大なスタンドライトのような形態をしており、ポリカーボネートの躯体は中の光を透過し、周囲に明るさをもたらしている。設計した建築家の高橋氏は、そこが〝コモン〟となることを意識したと述べている(5)。

これらの事例は、いずれもここ数年の取り組みである。住宅の機能の外部化が、少しずつ、パーツごとに進行している。

本書では、繰り返し〝建てること〟をユーザーの手に取り戻すことの重要性について語ってきた。まだまだ、〝建てること〟は専門家に委ねられており、ユーザーの手が加えられることは少ない。

写真3　高橋氏の事務所エントランス
出所）筆者撮影.

しかし、ユーザーの側に立った専門性を展開する「街場の建築家」の実践が、広がりを見せるなかで、少しずつ、しかし確実に状況は変化している。何よりも、「街場の建築家」が、住宅の機能の一部を実装したコモンズを創造しはじめている事実は雄弁にそれを物語る。社会的にみてもシェアエコノミーという用語も人口に膾炙しており、以前よりもシェアという実践のハードルは格段に下がっている。住宅が軽くなることと、街のコモンズの充実が同じタイミングで進んでいくことは考えにくい。コモンズのさらなる充実が、住宅の不要な設備への気づきを促していくのではないかと考える。

先述した田中氏は、「何でもかんでも、占有すればするほどしあわせになれるのではないかと信じられてきた世紀を超えて、コワーキングスペースやシェアハウスといった、共有するシステム、共感する価値観は、若い世代を中心に根付いてきており、この時流がそう簡単に覆るとは思えない」（田中 2017: 20–21）と述べている。ここで述べられている共有するシステム、共感する価値観は、まさに本書で検討してきたコモンズであるといってよいだろう。

「インフラスタンド」を設計した高橋氏は、アトリエ系事務所を退所し、出身地である埼玉県所沢市に設計事務所を構えた。彼女は筆者のインタビューに対して、東京のベッドタウンとして位置づけられてきた所沢を盛り上げたいと意気込みを語ってくれた。そのためには、街に気軽に立ち寄れるコモンズが必要であると考えた彼女は、自分でコモンズをつくることにした。設計事務所の一角に私設図書館を設置し、週に一度誰でも入れるように開放するようにしたのだ(6)。建築家は読書家が多く、多くの蔵書を抱えている。そうした機能の一部を開放としようという試みである。改装費はクラウドファンディングで調達した。そのタイトルは、「所沢にみんなの居場所となる私設図書館『シン図書館』をつくりたい！」というものである。その内実は、約五〇〇〇冊の蔵書を開放し、誰でも閲覧したり、借りたりできるような仕組みを作りたいという（写真3、4）。高橋氏はクラウドファンディングを立ち上げた理由について次のように思いを語っている。

写真4　高橋氏の私設図書館「シン図書館」
出所）筆者撮影.

自分の財産である本を街に開放しようと考えたのは、本という知的財産と読む場を開放することで、少しずつお互いの共有財産を増やしていけないかと考えたからです。資本主義下では「富」がどんどん「商品」に姿に変えていきます。例えば水といえば誰もが公平にアクセスできる「富」であるはずなのに、それがペットボトルに詰め込まれ、「商品」化してしまい、それまで地域の人々が共同利用していた水汲み場は立ち入り禁止となり、水を飲みたければその「商品」を買うしかなくなります。私は私設図書館「シン図書館」つくることで、「コモン」をつくりたいと思いました。「コモン」とは共有財産のことです。自分の領域を街に開放する、自分の範囲（本と本を読む場所）を差し出してみることで「商品」化されたものを「富」へと戻していくことはできないか、「コモン」をつくれないかと考えています。(7)

ここには、明確に「コモン」と書かれている。筆者がここを訪れていた一時間ほどの間にも、二人の市民が訪れ、本を返しに来たり、高橋氏と雑談したり、放出された古本を買い求めたりしていた。本章は「住宅が重すぎる」という問題意識からスタートした。「重装備」となってしまった住宅を軽くするために、住宅を「軽く」しようと述べた。しかし、それには受け皿となる場所が無ければならない。街に自宅の機能を豊かに代替してくれるコモンズが増えることが、「住宅を軽くする」ことの第一歩であろう。そうした状況がすでに実現している地域が実は下町と呼ばれる地域であった。下町に色濃く残る「街を頼る生活」は、今後様々な街でコモニングを実践しようとするユーザーに、多くを教えてくれるはずである。

注

（1）こうした状況にあって不定形な間取りを持つ物件は市場に流通し難いが、あえてそうした物件ばかりを取り扱っているのがR不動産という事業者も人気を博している。

（2）喫茶ランドリー公式ウェブサイト（http://kissalaundry.com、二〇二二年一二月一一日取得）。

（3）萩原詩子「熊本市の銭湯「神水公衆浴場」。熊本地震の経験から建築構造家夫妻が、〝まちの役に立ちたい〟と自宅に併設」LIFULL HOME'S PRESS（https://www.homes.co.jp/cont/press/buy/buy_01207/, 二〇二二年一一月一一日取得）。

（4）『商店建築』二〇二二年一二月号、一五〇—一六〇頁参照。

（5）高橋氏は、自らの設計事務所の一部を私設図書館「シン図書館」として一般に開放している。改装費はクラウドファンディングで調達したのであるが、クラウドファンディングのブログには「私は私設図書館『シン図書館』をつくることで、『コモン』をつくりたいと思いましたと述べている。

（6）二〇二二年一二月一〇日インタビュー。

（7）「所沢にみんなの居場所となる私設図書館「シン図書館」をつくりたい！」（https://camp-fire.jp/projects/view/400644、二〇二二年一一月一一日取得）。

# おわりに

本章の冒頭でも確認したように、本書は、コモンズといっても雑木林や、川や湖沼といった自然環境については特段言及していない。コモンズの概念は射程が広いため、議論する際に、ある程度テーマを限定しなければ論点が拡散してしまうからである。もちろんそうしたコモンズとしての自然環境に関心が無いわけではない。むしろ大いに関心があると言っても良い。

筆者はあるご縁があって、二〇二一年から学生たちと神戸市の支援を受けながら里山と耕作放棄地の再生の事業に取り組んでいる。そこは、かつて棚田であり、稲作が行われていた場所である。しかし、耕す人がいなくなり、三〇年以上も前に耕作放棄地となってしまった場所である。筆者らが最初に訪れた際には、二m近くに育ったセイタカアワダチソウや、笹が圧倒的な密度で群生しており、かつてそこが本当に豊かな水田だったのか微塵も想像もつかないほどであった。しかし、学生たちと一緒に週末ごとに地道に草刈りを続けた結果、そこは往時の姿を取り戻したのである。しかし、水を張り、棚田を復活させ稲作を行うのは、素人の筆者と学生にはハードルが高すぎるため、そこを畑として利用させてもらうことにした。アクセスがあまりよくない場所にあるため頻繁に管理に出向くことは難しい。そこで乾燥に強い作物を植えることにした。選んだ作物は大麦であった。大麦は我々のような素人農業でもなんとか無事に収穫することが出来た。実に、六六kgの大麦を地元の農家に買い取ってもらうことに成功した。

里山はまさにコモンズであり、生活や活動に必要な様々なものが得られる。しかし、筆者たちは、その活用の方法を知らず、豊かな里山の恵みを享受することは、ほとんど出来ていない。しかし、活動も二年目に入り、少しずつ里山の恵みを活用する方法を学び始めている。葛のツルを使ってかごをつくったり、若竹の先端を摘んでメンマに加工したり、少しずつ出来ることを増やしている。

さらに、この学生団体において、空き家を改装してそこをコモンズにする、というプロジェクトにも挑戦する予定である。空き家は、現在は離れた地域に住んでいる持ち主の方が、学生の活動の役に立つのであればと、無償で貸してくださった物件である。それは築五〇年程ほどの物件で、二〇年前から空き家になっている。改装には神戸市からの助成金と、クラウドファンディングで調達予定の資金を活用する予定である。施工には通常よりも大幅に時間がかかるが、できるだけＤＩＹで行い、学生たちに作るところから体験してほしいと考えている。創るプロセスからはじめて、そこが地域社会のコモンズとして機能するように、持続可能化コモニングのしくみも考えていくことにしている。

本書は関西学院大学研究叢書二五四編として出版されるものである。出版に際しては関西学院大学から出版助成をいただいた。『建築家として生きる——職業としての建築家の社会学』に続いて、二度目である。二度に渡って、このような貴重な出版の機会をいただいたことを、学校法人関西学院に改めて感謝を申し上げたい。

関西学院大学社会学部の任期制教員としての三年間に三冊の単著と一冊の共著を出版することが出来た。研究に専念できる期間を与えてくださった関西学院大学社会学部の先生方に心から感謝を申し上げたい。任期制教員としての三年間は、これまでの人生の中で最も充実した三年間であった。齢五十になろうとする自分であるが、成長を実感できた三年間であった。まだまだ青臭くひたむきに頑張っていきたい。

本書はこれまでに出版した本の中で、最も難産であった。コモンズを対象に本を書きたいと思っていたものの、コロナ禍で思うような調査も出来なかった。それでもなんとか形にすることは出来たが、途中から担当を引き継いでいただいた晃洋書房編集部の坂野美鈴さんには、締め切りを延期してもらうなど、ご苦労をおかけすることになってしまった。

最後に、いつも支えてくれている両親と妹、叔父と叔母に感謝の意を述べておきたい。

二〇二三年三月

松村　淳

# 索　引

さ



た



な

# 参考文献

阿部潔・成実弘至編著，2006，『空間管理社会——監視と自由のパラドックス』新曜社.

阿部真大，2013，『地方にこもる若者たち——都会と田舎に出現した新しい社会』朝日新書.

秋道智彌，2004，『コモンズの人類学——文化・歴史・生態』人文書院.

新雅史，2022，「媒介としての承認／商店街」『すまいろん』一般社団法人住総研.

朝日新聞朝刊（http://database.asahi.com/library2/main/top.php，2020年7月20日取得）.

東浩紀・大山顕，2016，『ショッピングモールから考える——ユートピア・バックヤード・未来都市』幻冬舎.

Barber, Benjamin, 1998, *A Place for Us: How to Make Society Civil and Democracy Strong,* Hill and Wang.（＝2007，山口晃訳，『〈私たち〉の場所——消費社会から市民社会をとりもどす』慶應義塾大学出版会.）

Bauman, Zygmunt, 2000, *Liquid Modernity,* Polity Press.（＝2001，森田典正訳，『リキッド・モダニティ——液状化する社会』大月書店.）

Davis, Mike, 1990, *City of Quartz: Excavating the Future in Los Angeles,* Verso Books.（＝2001，村山敏勝・日比野啓訳，『要塞都市 LA』青土社.）

阪神・淡路大震災記念協会編，2005，『阪神・淡路大震災10年翔べフェニックス——創造的復興への群像』財団法人阪神・淡路大震災記念協会.

Hardin, Garrett, 1968, “The Tragedy of the Commons.” *Science,* 162（3859）1243-1248.

Hardt, Michael and Negri, Antonio, 2011, *Commonwealth,* Belknap Press: An Imprint of Harvard University Press.（＝2012，水嶋一憲監訳『コモンウェルス（上）——〈帝国〉を超える革命論』NHK 出版.）

Harvey, David, 2012, *Rebel Cities: From the Right to the City to the*

*Urban Revolution*, Verso.（＝2013，森田成也ほか訳『反乱する都市——資本のアーバナイゼーションと都市の再創造』作品社.）
速水清孝，2011，『建築家と建築士——法と住宅をめぐる百年』東京大学出版会.
広原盛明，竹本俊平，松原徹雄，1970，「ホワイトカラーの家族生活・個人生活の型とL型プランにおける住み方（「だんらん」の研究・その4－2）」『日本建築学会論文報告集』171，61-66.
細野助博・風見正三・保井美樹編著，2016，『新コモンズ論——幸せなコミュニティをつくる8つの実践』中央大学出版部.
Howard, Ebenezer, 1902, *To-morrow: A Peaceful Path to Real Reform*, Swan Sonnenschein.（＝1968，長素連訳『明日の田園都市』鹿島出版会.）
全泓奎，2015，『包摂型社会——社会的排除アプローチとその実践』法律文化社.
布野修司，1989，『住宅戦争——住まいの豊かさとは何か』彰国社.
井形慶子，2004，『古くて豊かなイギリスの家　便利で貧しい日本の家』新潮社.
稲葉剛，2009，『ハウジングプア——「住まいの貧困」と向き合う』山吹書店.
石山修武，1997，『住宅道楽——自分の家は自分で建てる』講談社.
磯村英一，1984，『住まいの社会学20の章』毎日新聞社.
Illich, Ivan, 1973, *Tools for Conviviality*, World Perspective.（＝2015，渡辺京二・渡辺梨佐訳『コンヴィヴィアリティのための道具』筑摩書房.）
イリイチ，イヴァン，1991『生きる思想——反＝教育／技術／生命』(桜井直文監訳，藤原書店.）
Jacobs, Jane, 1961, *The Death and Life of Great American Cities*, Random House.（＝2010，山形浩生訳『アメリカ大都市の死と生』鹿島出版会.）
加藤耕一，2017『時がつくる建築——リノベーションの西洋建築史』東京大学出版会.
Klinenberg, Eric, 2018, *Palaces for the People: How Social Infrastructure can Help Fight Inequality, Polarization, and the Decline of Civic Life.*

Crown.（＝2021，藤原朝子訳『集まる場所が必要だ——孤立を防ぎ，暮らしを守る「開かれた場」の社会学』英治出版.）
久保妙子，2003，「接地型住宅地における近隣コミュニケーションの現状と意識」『日本家政学会誌』54(1)，27-37.
隈研吾，2006，「巻頭論文 パドックからカラオケへ——新建築住宅設計競技2006課題「プランのない家」について」『新建築』81(5)，51-55，新建築社.
黒沢隆，1997，『個室群住居——崩壊する近代家族と建築的課題』住まいの図書館出版局.
日本建築学会編，2014，『まち建築——まちを生かす36のモノづくりコトづくり』彰国社.
待鳥聡史・宇野重規，2019，『社会の中のコモンズ』白水社.
増井真也，2016，『もっと自由に家を作ろう』ハウジングエージェンシー.
松尾匡・井上智洋・高橋真矢，2021，『資本主義から脱却せよ——貨幣を人びとの手に取り戻す』光文社.
松原小夜子，1996，「nLDK 型住宅の虚像と実像——記号価値の側面から」住田昌二編『現代住まい論のフロンティア——新しい住居学の視角』ミネルヴァ書房.
松村秀一，2013，『建築―新しい仕事のかたち——箱の産業から場の産業へ』彰国社.
松村淳，2022，『建築家の解体』筑摩書房.
Michael, Hardt and Negri Antonio, 2009, *Commonwealth*, Harvard University Press.（＝2012，幾島幸子・古賀祥子訳，『コモンウェルス——〈帝国〉を超える革命論（上・下)』NHK ブックス.）
宮台真司，1997，『まぼろしの郊外——成熟社会を生きる若者たちの行方』朝日新聞社.
宮原浩二郎，2006，「『復興』とは何か——再生型災害復興と成熟社会」『先端社会研究』５，5-40.
宮脇檀，1998，『男と女の家』新潮社.
Mumford, Lweis, 1963, *The Highway and the City*, New American Library.（＝2006，生田勉・横山正訳『都市と人間』新思索社.）

中川雅之，2020，「テレワーク，都市の未来左右　人口集積と感染症リスク」『日本経済新聞』2020年7月9日朝刊電子版（https://www.nikkei.com/article/DGXKZO61284000Y0A700C2KE8000/，2020年7月9日取得）.
日本生活学会，2002，『生活学第二十六冊住まいの一〇〇年』ドメス出版.
西川祐子，2004，『住まいと家族をめぐる物語——男の家，女の家，性別の無い部屋』集英社.
西川裕子，2010，「男の家→男の家→性別のない部屋→次世代的な部屋の集まり方」『すまいのリストラ』東洋書店.
西村佳哲，2013，『ひとの居場所をつくる——ランドスケープ・デザイナー田瀬理夫さんの話をつうじて』筑摩書房.
西山夘三，1974，『住まいの思想』創元社.
岡啓輔・萱原正嗣，2018『バベる！』筑摩書房.
Oldenburg, Ray, 1999, *The Great Good Place: Cafes, Coffee Shops, Bookstores, Bars, Hair Salons and other Hangouts at the Heart of a Community*, Marlowe & Company.（＝2013，忠平美幸訳『サードプレイス——コミュニティの核になる「とびきり居心地よい場所」』みすず書房.）
Relph, Edward, 1976, *Place and Placelessness*, SAGE.（＝1991，高野岳彦・阿部隆・石山美也子訳『場所の現象学——没場所性を越えて』筑摩書房.）
坂口恭平，2012，『独立国家のつくりかた』講談社.
シュミット，エノ・山森亮・堅田香緒里・山口純，2018，『お金のために働く必要がなくなったら，何をしますか？』光文社.
Sand, Jordan, 2013, *TOKYO VERNACULAR: Common Spaces, Local Histories, Found Objects*, University of California Press.（＝2021，池田真歩訳『東京ヴァナキュラー』新曜社.）
芝田淳，2022，「『社会参加の基盤』の形成の支援」『居住福祉研究』33，日本居住福祉学会.
嶋田洋平，2015，『ほしい暮らしは自分でつくる　ぼくらのリノベーションまちづくり』日経 BP.
篠原聡子，2021，『アジアン・コモンズ——いま考えるつながりとデザイン』

平凡社.
祐成保志，2008，『〈住宅〉の歴史社会学――日常生活をめぐる啓蒙・動員・産業化』新曜社.
鈴木成文ほか，2004，『「51C」家族を容れるハコの戦後と現在』平凡社.
竹井隆人，2005，『集合住宅デモクラシー――新たなコミュニティ・ガバナンスのかたち』世界思想社.
多木浩二，［1976］2001，『生きられた家』岩波書店.
巽和夫，1986，『現代ハウジング論』学芸出版社.
巽和夫編著，1993，『現代社会とハウジング』彰国社.
田中元子，2017，『マイパブリックとグランドレベル』晶文社.
Tuaw, Yi-Fu, 1982, *Segmented Worlds and Self: Group Life and Individual Consciousness*, University of Minnesota Press.（＝1993，阿部一訳『個人空間の誕生――食卓・家屋・劇場・世界』せりか書房.）
Turner, John F. C., 1976, *Housing by People: Towards Autonomyin Building Environments*, Marion Boyars.
内田隆三，2002，『国土論』筑摩書房.
上野千鶴子，2002『家族を容れるハコ　家族を超えるハコ』平凡社.
山口純，2016，「建築家ジョン・F・C・ターナーの自律的住居システムの思想」『日本建築学会近畿支部研究報告集　計画系56』181-184.
山森亮，2009，『ベーシック・インカム入門――無条件給付の基本所得を考える』光文社.
山本英輔，2021，「〈建てること〉と〈住むこと〉についてのハイデガーの思索」『哲学・人間学論叢』12，21-33.
山本理顕編，2006，『徹底討論私たちが住みたい都市――身体・プライバシー・住宅・国家：工学院大学連続シンポジウム全記録』平凡社.
山本理顕・仲俊治，2018，『脱住宅「小さな経済圏」を設計する』平凡社.
山本理奈，2014，『マイホーム神話の生成と臨界――住宅社会学の試み』岩波書店.
山崎亮，2011，『コミュニティデザイン――人がつながるしくみをつくる』学芸出版社.
Young, J., 1999, *The Exclusive Society: Social Exclusion, Crime and*

*Difference in Late Modernity,* SAGE Publications.（=2007，青木秀男・伊藤泰郎ほか訳，『排除型社会――後期近代における犯罪・雇用・差異』洛北出版.）

渡辺真理「集合住宅のフレームワークを考える」（http://db.10plus1.jp/backnumber/article/articleid/528/，2020年7月20日取得）.

Wellman, Barry, 1979, "The community question: the intimate networks of East Yorkera" *American Jounal of Sociorogy,* 84: 1201-1231.

《著者紹介》


## 松村　淳（まつむら　じゅん）

香川県木田郡（現高松市）牟礼町出身.

設計事務所勤務を経て，2014 年関西学院大学大学院社会学研究科博士課程単位取得満期退学.

博士（社会学）．二級建築士．専門社会調査士.

立命館大学稲盛経営哲学研究センター客員助教を経て，2021 年より関西学院大学社会学部任期制准教授.

専攻は労働社会学，文化社会学，都市社会学，建築・都市論研究，移住，まちづくり研究.

ライフワークとして，人と建築の関係性を総合的に考察する視角としての「建築社会学」の可能性を探究している.


**主要業績**

**著書**

『建築家として生きる――職業としての建築家の社会学』晃洋書房，2021 年.

『建築家の解体』筑摩書房（ちくま新書），2022 年.

**論文**

「働きすぎる建築士とその労働世界：愛他性とクリエイティビティはどのように過剰労働を導くのか」『労働社会学研究』(14)，2013 年.

「パフォーマティヴに構築される職業的アイデンティティ：ある女性建築家を事例として」『ソシオロジ』58 巻 2 号，2013 年.

「建築設計専門職におけるエートスの作用とその獲得過程：文化的社会化の場としての大学教育」『ソシオロジ』60 巻 3 号，2016 年.

「後期近代における専門職の職能拡張をめぐる一考察：『参加型リノベーション』における建築家の実践から」『ソシオロジ』64 巻 1 号，2019 年.


関西学院大学研究叢書　第 254 編

# 愛されるコモンズをつくる

――街場の建築家たちの挑戦――

2023年 3 月30日　初版第 1 刷発行

著　者　松村　淳©
発行者　萩原淳平
印刷者　田中雅博

発行所　株式会社 晃洋書房
京都市右京区西院北矢掛町 7 番地
電話　075（312）0788㈹
振替口座　01040-6-32280

印刷・製本　創栄図書印刷㈱
装幀　三森健太（JUNGLE）
ISBN978-4-7710-3735-9